A abundância frugal como arte de viver

Título original:
L'Abondance frugale comme art de vivre.
Bonheur, gastronomie et décroissance

Tradução:
Inês Guerreiro

Revisão:
Rui Augusto

Capa:
FBA

Imagem de capa:
© Universal Images Group / Getty Images

Paginação:
EDIÇÕES ALMEDINA, S.A.

Impressão e acabamento:
Forma Certa Gráfica Digital

para
EDIÇÕES 70
Maio 2023

EDIÇÕES 70, uma chancela de Edições Almedina, S.A.
Avenida Emídio Navarro, 81, 3D
3000-151 Coimbra
e-mail: editoras@grupoalmedina.net

Sérgio Latouche

A abundância frugal como arte de viver
Felicidade, gastronomia e decrescimento

Tradução de Inês Guerreiro

Índice

> «Somos cingidos por uma intolerância demencial, o seu cavalo de Troia é a palavra *felicidade*. E considero que se trata de algo mortífero.»
>
> RENÉ CHAR[1]

Se a felicidade está geralmente associada à abundância, nunca está ligada à frugalidade. A ideologia da felicidade desenvolveu-se, de facto, ao mesmo tempo que a do progresso, com a modernidade. «Nadar em felicidade», de acordo com a expressão popular, é viver em conforto e desafogo material, no meio de uma acumulação de objetos destinada a gerar bem-estar. A frugalidade, pelo contrário, sem ser necessariamente austera, torna a economia de qualquer consumo não necessária mas talvez alegre. Implica apenas uma autolimitação voluntária das nossas necessidades, mas não exclui nem a convivialidade nem uma certa forma de hedonismo. A gastronomia, entendida como a arte de bem comer graças a uma cozinha saudável e requintada, sem ser nem ascética nem orgíaca, faz parte desta arte de viver preconizada pelo decrescimento.[2] Como é óbvio, o decrescimento não pretende que ela constitua o único ingrediente de uma alegria de viver na frugalidade e na convivialidade. A associação do epicurismo ao decrescimento não procura desagradar aos «objetores de crescimento» — Epicuro é, de facto, considerado um precursor.[3] Contudo, trata-se aqui de uma referência à sua filosofia autêntica, e não à deformação vulgar que dela foi feita...

Os paradoxos da felicidade aparecem de forma flagrante se pensarmos no contraste entre as ambiguidades da expressão «decrescimento feliz», que me foi erradamente atribuída mas proposta por Maurizio Pallante como título de um manifesto, e a famosa fórmula de Saint-Just (1767–1794): «A felicidade é uma ideia nova na Europa.» É evidente que, se Pallante lançou o seu manifesto com um título como este, não é porque a felicidade fosse uma ideia nova ligada ao programa da modernidade, que daria origem à sociedade de crescimento, ou seja, à maior felicidade para o maior número, mas porque a felicidade parece uma aspiração partilhada por todos, simultaneamente universal e trans-histórica.[4] Temos, com efeito, um sem-fim de testemunhos segundo os quais a felicidade seria uma aspiração inata da natureza humana, se aceitarmos acriticamente as traduções de autores antigos ou estrangeiros. Séneca, em *De vita beata*, escreve, por exemplo: «Todos querem viver felizes, mas, quanto a ver o que a vida feliz produz, é aí que eles não veem claramente.» Santo Agostinho, num texto sobre o mesmo assunto, embora preconizando a austeridade, permanece ainda na mesma linha: «O desejo de felicidade é essencial ao homem; é o que mobiliza todos os nossos atos.» E, do mesmo modo, Espinosa, em *Ética* (1677), afirma: «O desejo de viver feliz ou de viver bem, de agir bem, é a própria essência do homem.» E Pascal (1670), de forma ainda mais explícita, enuncia: «Todos os homens procuram a felicidade. É algo invariavelmente verdadeiro, apesar dos diferentes meios que possam utilizar. Todos eles tendem para este fim. O que faz que uns vão para a guerra e que outros não o façam é este mesmo desejo que existe em ambos, acompanhado de diferentes perspetivas. A vontade apenas exerce a sua iniciativa em direção a este objeto. É o motivo de todas as ações de todos os homens, inclusive daqueles que se vão enforcar.» («O bem soberano», em *Pensamentos*), John Locke, no seu *Ensaio sobre o Entendimento Humano*, fala de instinto da «busca da felicidade». «A mais elevada perfeição de uma natureza racional», escreve, «reside na busca atenta e constante da felicidade autêntica e sólida, pelo que a preocupação em não tomar uma felicidade imaginária por uma felicidade real é o fundamento necessário da nossa liberdade.» Contudo, reserva importante, para os teólogos medievais, depois de Santo Agostinho, apenas a vida de ascese e abstinência exaltada pelo cristianismo permite alcançar a «bem-aventurança», e quase sempre apenas *post mortem*.

Convém levar muito a sério a declaração de Saint-Just, na medida em que emerge, na véspera da Revolução Francesa, uma aspiração diferente das de *bem-aventurança* celeste e de *felicidade* pública anteriores.[5] O conteúdo da *felicidade beata* mudou profundamente. Trata-se, a partir de agora, de um bem-estar material e individual, antecâmara do PIB (produto interno bruto) *per capita* dos economistas, cuja dimensão ética é reduzida ou mesmo inexistente. Convém, portanto, interrogarmo-nos acerca deste escândalo semântico: as palavras, ao mesmo tempo que nos permitem comunicar e compreendermo-nos uns aos outros, são também armadilhas que estão na origem de mal-entendidos. Se é difícil à primeira vista defender que a demanda da felicidade só aparece nos séculos XVII a XVIII, é evidente que a *eudaimonia* perseguida pelos Gregos, qualquer coisa como a vida boa e a cidade feliz, não tem muito que ver com a «*happyness*» de Locke e de Bentham. Conviria, no mínimo, falar de *felicidade antiga* e de uma *felicidade moderna*, do mesmo modo que Benjamin Constant fala de uma liberdade dos Antigos e dos Modernos.

Podemos pôr a hipótese de que existe, em todas as comunidades humanas e para cada um dos seus elementos, uma aspiração a uma vida «boa». Pressupor-se-á, para as necessidades da investigação (muito seguramente de forma errada), que a expressão «boa vida» constitui um termo neutro e não conotado para designar esta aspiração *pluriversal* e trans-histórica que se traduz nas várias línguas, culturas e épocas através de conceitos muito diferentes, como: *Glück*, *bonheur*, *felicità*, *happiness*, etc., mas também *bamtaare* (pulaar), *sumak kawsay* (quéchua), etc. Consideraremos todas estas expressões como aquilo a que o filósofo e teólogo indo-catalão Raimon Panikkar chamou *equivalentes homeomórficos* da «vida boa».[6] A «felicidade», nas suas diferentes variantes linguísticas europeias, mas principalmente no sentido francês do termo (*bonheur*), constituiu certamente a forma da «vida boa» da modernidade nascente. Apesar de todo o interesse de uma investigação deste tipo, não procuraremos aqui saber como a vida boa encarnou primeiro na *beatitudo* medieval, mas apenas no duplo movimento de redução e de involução que se produziu da época das Luzes até aos nossos dias: o da emergência da felicidade na sua redução *economicista* como «produto interno bruto *per capita*» e, depois, o da crítica dos indicadores de riqueza ao nascimento da aspiração *reencontrada* ao *bom viver*, à abundância frugal, à sobriedade feliz num contexto de «prosperidade sem crescimento», para usar as palavras de Tim Jackson.[7] Finalmente, se levarmos à letra o parecer de René Char citado em epígrafe, a palavra «felicidade» deveria ser acrescentada à lista de «palavras tóxicas» (*toxic words*) criada por Ivan Illich, a par de desenvolvimento, ambiente, igualdade, ajuda, mercado, necessidade, etc., devido às confusões que gera e aos mal-entendidos que veicula.[8]

PRIMEIRA PARTE

O decrescimento e os paradoxos da felicidade

1. As vicissitudes da «vida boa»: da beatitude ao bem-ter

É no seu relato sobre uma nova política social do dia 13 do ventoso, ano II (3 de março de 1794) — ou seja, quatro meses antes de Termidor e da sua morte na guilhotina, aos 27 anos, ao lado de Robespierre —, que Louis Antoine de Saint-Just declara: «Que a Europa saiba que já não queremos nem um infeliz nem um opressor em território francês, que este exemplo dê frutos na terra; que ele propague o amor pelas virtudes e a felicidade! A felicidade é uma ideia nova na Europa.»[1] Se a felicidade é uma ideia nova na Europa, resulta da rutura operada pelo grande movimento europeu que agita aquilo a que se chamava na altura a «República das Letras», antes de abalar a vida dos povos, percorrendo a Europa a cavalo, a galope, sob a designação de o «Espírito do Século» e encarnado, segundo Hegel, por aquele que devia cumprimentar na sua passagem por Jena, Napoleão Bonaparte... Este movimento cosmopolita, as Luzes (o *Aufklärung*, o *Enlightment*, o *Illuminismo*), assinalava uma rutura radical com a ecúmena cristã (sendo a Idade Média considerada como algo sombrio ou obscuro), cujo ideal de vida boa se exprimia na língua dos clérigos através do latim *beatitudo*. A beatitude era profundamente espiritual, ou mesmo celeste, imaterial e coletiva (a famosa comunhão dos santos esvaziada do seu conteúdo por

Lutero).[2] Só os monges e os eremitas que escreviam na sua porta *O beata solitudo, o sola beatitudo* podiam pretender antevê-la pelo pensamento neste vale de lágrimas...

O campo semântico de cada um dos termos utilizados nas várias línguas indo-europeias para dizer «felicidade» é sensivelmente diferente em função do contexto cultural e histórico. *Bonheur, happiness, felicità, jubilación, Glück* não são absolutamente equivalentes. A palavra francesa *bonheur* só aparece no século III e vem do latim *augurium* (e não de *hora*/hora); significa, portanto, «bom augúrio». *Bonheur* traduz normalmente o italiano *felicità*, embora o francês também conheça o termo *félicité*, que é a sua tradução literal. Voltaire, encarregado por Diderot e d'Alembert de escrever o artigo «Heureux» para a *Enciclopédia* (vol. 15), assinala a diferença entre *félicité* e *bonheur*. A *félicité*, escreve, «é o estado permanente, pelo menos por algum tempo, de uma alma satisfeita, e este estado é muito raro. O *bonheur* vem de fora, é originalmente uma boa hora. [...] Podemos ter um *bonheur* sem ser *heureux*. Um homem teve o *bonheur* de escapar a uma cilada, e, contudo, é infeliz; não podemos dizer dele que experimentou a *félicité*. Existe ainda a diferença entre um *bonheur* e o *bonheur*, diferença que a palavra *félicité* não permite. Um *bonheur* é um acontecimento feliz. O *bonheur*, considerado de forma indefinida, significa uma sequência destes acontecimentos. O *plaisir* [prazer] é um sentimento agradável e passageiro, o *bonheur*, considerado como sentimento, é uma sequência de prazeres, a prosperidade, uma sequência de acontecimentos felizes, a *félicité* um gozo íntimo da sua prosperidade.»[3] A *felicità*, sobre a qual o *Illuminismo* napolitano reflete, é fundamentalmente pública; trata-se menos de uma busca individual de *prosperidade* do que de um objetivo do *buon governo* do príncipe.

É uma espécie de beatitude terrestre coletiva. A salvação ainda não se faz individualmente. Ao passar da Escola Napolitana de Antonio Genovesi à Escola Escocesa de Adam Smith, transita-se da *felicidade* pública à felicidade *do* público. Sendo a emergência da felicidade como «ideia nova» concomitante com o crescimento da ideologia liberal como projeto de construção de uma sociedade individualista que preconiza a neutralidade ética do governo de modo a evitar os conflitos mortíferos, cabe a cada um (e não à religião ou ao Estado) definir a sua conceção da felicidade, para evitar as guerras de religião. O bem comum desaparece de súbito; simultaneamente porque já não existe bem — ou seja, uma definição absoluta do Bem —, e menos ainda comum, visto que os *commons* (os bens comunitários) estão em vias de extinção e que cada um se ocupa apenas dos seus interesses pessoais. O *buon governo* reduz-se àquilo a que hoje se chama *good governance*, ou seja, a gestão minimalista no âmbito da gestão livre dos interesses particulares. Para os Modernos, a felicidade é, por fim, indissociável do dinheiro. A moeda era, com efeito, como dizem os economistas, «liberdade alcançada», é o meio de realizar todos os fins possíveis num mundo totalmente comercial. A felicidade consiste, portanto, em ganhar o máximo possível. Para os Norte-americanos, é uma evidência. Mesmo que se reconheça o facto de que o dinheiro nem sempre traz felicidade, existe unanimidade ao dizer e pensar que a falta do mesmo traz a infelicidade. No megacapitalismo, o capitalismo mundializado, esta ideia triunfa e, muito concretamente depois da destruição do vernáculo, torna-se verdadeira. É, de certa forma, uma profecia autorrealizada. Estando a moral excluída, a felicidade moderna não tem nada que ver com a vida boa. Existe equivalência entre felicidade e riqueza.[4] A emergência da «felicidade» como ideia nova é, pois, concomitante com a colonização do imaginário pelo plano económico. A dimensão *economista* do sentido da palavra felicidade já estava de certa forma inscrita desde a sua origem. Antoine de Montchrestien, já em 1615, no seu *Tratado de Economia Política*, afirmava de forma significativa: «A felicidade dos homens consiste principalmente na riqueza.» A redução da vida boa ao indicador do PIB é abundantemente ilustrada na literatura de economia, ao passo que a viragem ética de 180 graus que tornou esta evolução possível e que se produz entre os séculos XVI e XVII no Ocidente merece ser explicitada para se compreender bem esta alteração.

Da maior felicidade para o maior número ao melhor PIB *per capita*

Do mesmo modo, Jacques Ellul, o grande filósofo da técnica, evoca, por seu turno, a famosa fórmula de Saint-Just e comenta assim o contexto da sua enunciação: «Quando Saint-Just proclamou a sua famosa fórmula segundo a qual a felicidade é uma ideia nova na Europa, [...] o que era novo e sem dúvida era aquilo que Saint-Just visava, tratou-se de uma mudança de meios: a industrialização, o crescimento do consumo de uma riqueza que deveria ter tido proveito para todos, ao mesmo tempo que a República proclamava a Liberdade e a Igualdade, apareciam-lhe como os meios que finalmente tornavam a ideia de felicidade *possível* e *concreta*. O que mudou foi que se saía do plano das ideias para se entrar na concretização possível.»[5] Mesmo que, para o discípulo de Rousseau que Saint-Just é, a felicidade seja indissociável da virtude, as dimensões material e individual do PIB *per capita* dos economistas estão bem presentes. Como Ellul observa ainda, com toda a pertinência, é do consumo de produtos manufaturados que se trata. Os termidorianos não se privaram, aliás (para se desembaraçarem dele), de ridicularizar o moralismo do «jovem louco de 26 anos [Saint-Just], acabado de sair da poeira da escola», que lhes dissera, «num tom presunçoso [...]. Não foi a felicidade de Persépolis, mas a de Esparta, que prometemos»[6]. Com um certo cinismo, antecipando o hedonismo do pós-Termidor, Voltaire já esclarecia luminosamente a mudança de contexto; assinalava, com efeito: «Por volta de 1750, a nação, saciada de reflexões morais e de disputas teológicas sobre a graça e as convulsões, desatou finalmente a pensar sobre os trigos.»[7] O doutor Quesnay e a doutrina fisiocrática passaram por ali e, nas discussões de salão e junto do Príncipe, substituíram Bossuet e a teologia... A felicidade, como bem-estar material, depende, portanto, diretamente da *riqueza das nações*. E, efetivamente, nesse sentido, trata-se de uma ideia nova, que surge um pouco por toda a Europa, mas principalmente em Inglaterra (*happiness*) e em França. A *ideologia da felicidade* está profundamente ligada à do progresso, que se desenvolve na mesma altura (Turgot e Condorcet, para a França, Francis Bacon e depois Locke em Inglaterra); cada uma delas reforça a outra e serve-lhe de caução. Aliás, a felicidade incorpora em si a sua própria *progressão*. Ao contrário da «vida beata» dos Antigos, não é estática: não é apenas a vida boa que é prometida, é a vida *melhor*. Locke fala com grande acerto da perseguição da felicidade (*pursuit of happiness*), como um objetivo que não tem fim. E, posteriormente, com Bentham e muitos outros, tratar-se-á da «maior felicidade». A declaração de independência de 4 de julho de 1776 pelos Estados Unidos da América, país onde, num campo pretensamente virgem, se concretiza o ideal das Luzes, inspira-se nela e proclama como objetivo: «A vida, a liberdade e a procura da felicidade.»[8] «Para os autores liberais», observa Alain de Benoist, a «procura da felicidade» define-se como a livre possibilidade de procurar sempre maximizar o melhor interesse de cada um», e «o interesse define-se primeiro como uma vantagem material que, para ser apreciada como tal, deve poder ser calculável e quantificável, ou seja, poder expressar-se sob o horizonte do equivalente universal que é o dinheiro».[9] A Declaração dos Direitos do Homem da Constituição de 1793, em França, é ainda mais explícita: «O fim da sociedade é a felicidade comum.» Nem a promessa de beatitude no além nem o espetáculo da prosperidade do monarca (ou seja, da nação) satisfazem os elementos de uma sociedade burguesa (a *Gesellschaft* oposta à *Gemeinschaft* de Tönnies), o que conta é o enriquecimento individual. O filósofo J. G. Herder, apesar de romântico, na sua crítica a Kant, é muito explícito acerca deste ponto: «Nada é mais vago do que a palavra *civilização*, nada mais enganador relativamente à sua aplicação a povos e épocas inteiras. Quantos indivíduos civilizados existem num povo civilizado? E em que consiste verdadeiramente este mérito? E em que medida isso contribui para a sua felicidade? E, na verdade, em que medida contribui para a felicidade dos indivíduos particulares, porque o facto de Estados inteiros poderem ser considerados felizes em abstrato, enquanto os seus elementos sofrem individualmente, é uma contradição, ou antes, um engano que de desvela como tal logo à primeira vista.»[10]

O programa da modernidade, que dará origem à sociedade de crescimento, não passa, lembremo-lo, da *maior felicidade para o maior número*. Foi formulado quase em simultâneo por uma série de pensadores da Europa das Luzes, de Cesare Beccaria a Jeremy Bentham, passando por Francis Hutcheson. A *riqueza das nações* — resultado das leis suscetíveis de «enriquecer o povo e o soberano», apresentadas no livro epónimo —, da qual Adam Smith se torna propagandista, é o meio para a realização deste objetivo[11], e este, por mais utilitarista que seja, não seria imoral, mesmo que os atores não procurassem realizar o Bem, mas maximizar o seu interesse; o resultado destas estratégias egoístas é, com efeito, a realização do bem-estar de todos, graças em particular ao efeito de gotejamento ou escorrimento (*trickle down effect*), recentemente atualizado com a metáfora do «primeiro na corda». A boa governação consiste, portanto, em facilitar o jogo desta *mão invisível*. Assim serão concretizadas a boa vida e a justiça, no sentido que John Rawls definirá, visto que as desigualdades económicas entre os indivíduos são reduzidas em teoria.

A necessidade da sociedade de crescimento que daí resulta para concretizar o objetivo da modernidade é perfeitamente evidenciada por Jacques Ellul; este assinala, com efeito, que: «A ideologia da felicidade exige um crescimento de consumo de bem-estar, estabelecendo o terreno favorável para a eclosão de novas necessidades. [...] Mas, quanto mais o consumo aumenta, mais a ideologia da felicidade deve ser forte para preencher o vazio de absurdo do ciclo iniciado. Sem bem-estar, a felicidade parece ilusória e vã, é desapossada de todos os seus meios de realização. A via para aceder à felicidade é a do bem-estar e apenas deste.»[12] Como observa Olivier Menéndez: «Já não será uma questão de salvação da alma, como ensinava o cristianismo, ou de comportamento moral, como pensava o eudemonismo, mas apenas uma questão de aquisição de bens e de serviços que tornam a vida concretamente agradável e confortável.»[13] O direito à felicidade é, portanto, um direito individual. Perseguir a felicidade traduz-se, então, em trabalhar, produzir, vender, saciar a fome, afastar-se da miséria, tornar-se proprietário, enriquecer, acumular, legar em herança, etc. E, acima de tudo, ganhar o máximo possível de dinheiro...

Na passagem da felicidade ao PIB *per capita*, produz-se uma tripla redução — esta torna-se mais explícita se usarmos as palavras inglesa (*happiness*) ou francesa (*bonheur*) em vez da ambígua *felicità* italiana. Em primeiro lugar, a felicidade terrena é associada ao bem-estar material, sendo a matéria concebida no sentido físico do termo, ou seja, a essência das mercadorias. Estas são primeiro coisas, objetos ou aparelhos, mas também podem ser, por extensão, serviços concretos tarifados. Em segundo, o bem-estar material remete para o bem-ter estatístico, ou seja, para a quantidade de bens e de serviços comerciais e equivalentes produzidos e consumidos. A sensação subjetiva de «se sentir bem na sua pele» graças a um certo conforto é reduzida à avaliação objetiva daquilo que se possui. Em terceiro lugar, a avaliação da soma dos bens e serviços é calculada em bruto, ou seja, não tendo em conta a perda do património natural e artificial necessária à produção. Em particular, os *custos ocultos* deste modo de vida, acertadamente designados pelos economistas como *externalidades negativas*, não são tidos em conta.

O primeiro ponto fica claramente explicitado no debate entre Thomas Robert Malthus e Jean- Baptiste Say, o qual vale a pena recordar. Malthus começa por nos comunicar a sua perplexidade quanto às fronteiras daquilo a que se pode chamar «produção»: «Se o esforço de cantar uma canção é um trabalho produtivo», escreve, «por que motivo as tentativas que fazemos para tornar uma conversa divertida e instrutiva, e que oferecem seguramente um resultado muito mais interessante, seriam excluídas do conjunto das produções atuais? Porque não se compreenderiam os esforços que precisamos de fazer para regular as nossas paixões e para obedecermos a todas as leis divinas e humanas, que são, sem dúvida, o mais precioso dos bens? Por que razão, em suma, excluiríamos uma ação qualquer cujo objetivo seja alcançar o prazer ou evitar a dor, seja no presente seja no futuro?» Mas, então, como ele próprio observa, isso conduziria diretamente à autodestruição da economia como campo específico e tornaria impossível fazer deste domínio uma *ciência*. «É verdade que poderíamos compreender desta forma», assinala de forma muito pertinente, «todas as atividades da espécie humana durante todos os instantes da vida.»[14] Finalmente, abraça o ponto de vista redutor de Jean-Baptiste Say: «Se, portanto, com M. Say», escreve Malthus, «quisermos fazer da economia política uma ciência positiva fundada na experiência e capaz de dar resultados precisos, é necessário ter o maior cuidado em abranger apenas, na definição do termo principal de que ela se serve [trata-se da riqueza], os objetos cujo aumento e diminuição podem ser suscetíveis de avaliação; e a linha que é mais natural e mais útil traçar claramente é a que separa os objetos materiais dos objetos imateriais.»[15] Assim, o bem-ter, definido deste modo, afasta-se um pouco da felicidade tal como era entendida pelos homens das Luzes. Contudo, a colonização do imaginário pelo económico permite criar, pelo menos durante algum tempo, um impasse acerca deste afastamento. Em coerência, portanto, com Jean-Baptiste Say, que define assim a felicidade pelo consumo, Ian Tinbergen propunha então rebatizar o PNB (produto nacional bruto) pura e simplesmente como FNB (felicidade nacional bruta).[16] Esta pretensão arrogante do economista holandês, que, ao contrário do rei do Butão, o qual irá recuperar a expressão e popularizá-la, não visa modificar o seu conteúdo e não passa na verdade de um regresso às origens. Com a felicidade a materializar-se em bem-estar, versão *eufemística* do «bem-ter», qualquer tentativa de encontrar outros indicadores da riqueza e da felicidade seria vã. O PIB *é* a felicidade quantificada. O processo de redução chegou ao seu termo.

Não obstante, se esta fábula fosse verdadeira, depois de dois séculos de crescimento e de uma multiplicação colossal da produção, deveríamos nadar em felicidade. E, contudo, como se verifica, não é o caso. Claro que, como lembra judiciosamente Jean Gadrey, os contabilistas nacionais, quando são atacados relativamente a este ponto, declaram que «o PIB e o crescimento não medem o bem-estar, não são feitos para isso»[17]. Isso não impede que, se o público se enganar a esse respeito, é porque tudo é feito para induzir em erro. Com os homens políticos nos órgãos de comunicação social, nos Jogos Olímpicos do crescimento, o palmarés dos PIB *per capita* é apresentado como o resultado da corrida mundial ao bem-estar, ou seja, à felicidade. A confusão é tanto mais fácil quanto o PIB *per capita* se encontra fortemente ligado, no imaginário e na realidade, ao nível de vida e ao nível dos salários. Fomos «formatados» para ver aí a medida do nosso bem-estar, sendo este rigorosamente proporcional ao nosso consumo comercial. «O nível de vida», escreve, de forma significativa, Jean Fourastié, «é medido pela quantidade de bens e de serviços que o rendimento nacional médio permite comprar.»[18]

Apresentando como objetivo das sociedades modernas não a felicidade mas «a maior felicidade», os filósofos das Luzes incluem, além disso, a *ilimitação* de que o plano económico seria o intermediário. Já não se trata apenas de viver bem, mas de viver melhor, cada vez melhor, tornando-se a quantificação indispensável para avaliar a realização deste objetivo inalcançável, que recua à medida que avançamos.[19] Para a *doxa* económica, é, portanto, o dinheiro que, em última instância, traz a felicidade.

A viragem ética do Ocidente

Este surgimento da felicidade como bem-estar material medido pelo PIB *per capita* não teria sido possível sem uma transformação radical concomitante da ética, como assinalámos. A transgressão moral erigida em sistema na *sobremodernidade* encontra a sua origem na viragem decisiva das Luzes, ela própria preparada pela Reforma. A sociedade ocidental é a única na História a ter *libertado* aquilo que todas as outras tentaram, com mais ou menos sucesso, reprimir, nomeadamente as paixões tristes de Espinosa (a ambição, a avidez, a inveja, o ressentimento, o egoísmo) e as paixões agressivas de Freud, que lhes são próximas e, para ele, responsáveis pelo «mal-estar na civilização». Chega mesmo, na modernidade tardia contemporânea, ao ponto de fazer da *transgressão* uma espécie de ética paradoxal ou mesmo antinómica. A Reforma introduzira uma forte dose de individualismo e favoreceu, sem o saber, o espírito do capitalismo, em particular através da sua versão puritana, como o mostrou Max Weber no seu famoso ensaio *A Ética Protestante e o Espírito do Capitalismo*.[20] No entanto, a grande viragem opera-se com Bernard de Mandeville e a famosa *Fábula das Abelhas*. A conclusão da fábula, a saber que os vícios privados geram a prosperidade da colmeia, fez escândalo na altura, mas tornou-se, aos poucos, através da mão invisível de Adam Smith, o credo moral, ou imoral, das sociedades ocidentais. A modernidade acreditou, com efeito, e continua a acreditar (ou a fingir acreditar) mais do que nunca que os vícios privados canalizados pela economia, através do lucro, se tornavam virtudes públicas e trabalhavam, sem os próprios agentes o saberem, para o bem comum. Por conseguinte, era possível desencadeá-los sem perigo. Era mesmo necessário fazê-lo. E, assim, na esteira de Ayn Rand, a propagandista incansável da vulgata libertarista, aprende-se nas escolas comerciais (mas não só) que: *Greed is good* [a avidez é uma coisa boa].[21]

A riqueza das nações (*wealth of nations*) é o equivalente da *felicidade pública* da Escola Napolitana, que, ao mesmo tempo que exige a intervenção do legislador, não deixa de defender a alquimia liberal. «A legislação», escreve Giambattista Vico em 1725, «modifica com este objetivo as três vertentes viciosas que extraviam todo o género humano, as quais são a ferocidade, a avareza, a ambição, e permite-lhes criar o exército, o comércio e a corte, ou seja, a força, a riqueza e o saber das repúblicas. Estes três grandes vícios, que bastariam para destruir nesta terra todas as gerações humanas, tornam-se a *fonte da felicidade civil*.»[22] A harmonia das paixões, é, portanto, possível, como vemos, mas não é natural, porque as paixões são múltiplas, ao passo que os liberais ingleses reduziram tudo ao lucro que cada um deveria maximizar naturalmente. De certa forma, entre os Napolitanos encontra-se antecipado o *ordoliberalismo* dos economistas da Escola de Friburgo. A boa governação do Estado deve criar condições para o funcionamento, não completamente natural, da mecânica social; de tal forma que, para os ordoliberais, a economicização da mecânica é total, permanecendo o lucro como a única paixão em jogo.

Graças ao *trickle down effect*, efeito de gotejamento ou escorrimento, já presente em Mandeville e Adam Smith, estamos a caminho da maior felicidade para o maior número, que a sociedade de consumo concretizará com o keyneso-fordismo[23]. É notável e sintomático que um filósofo influenciado pelo pietismo protestante como Georg Christoph Lichtenberg escreva no seu diário, em 1775–1776: «Se os homens se tornassem subitamente virtuosos, vários morreriam de fome». (§ 213) Se, com Saint-Just, admirador apaixonado de Jean-Jacques Rousseau, a felicidade do povo resultava igualmente de um comportamento virtuoso e do bem-estar material individual e coletivo, não se passa o mesmo à medida que a economia fagocita o social. A interferência da virtude na mecânica dos interesses, já suspeita em Adam Smith, torna-se claramente prejudicial em Hayek. A generosidade e mesmo a simpatia têm de ser excluídas do jogo económico sob pena de impedirem a relação do ótimo; mas, como a economia invade todo o social, encontram-se finalmente proscritas da sociedade, que, aliás, não existe. Na sociedade de consumo da década de 1960, a felicidade calcula-se acumulando objetos. O livro de Georges Perec, *As Coisas. Romance dos anos sessenta* (1965), contemporâneo do estudo sociológico de Jean Baudrillard, *Le Système des objets* (1965), é um bom exemplo disso. A felicidade é muitas vezes mencionada na história dos heróis que andam à sua procura, mas seria difícil encontrar aí a mais pequena conotação moral, pois esta depende apenas da bulimia consumista. Em contrapartida, Baudrillard, no seu livro, fala mesmo da *conspiração terrorista da felicidade*.[24]

O imperialismo economicista ocidental fará desta *conspiração* um fenómeno mundial.[25] No entanto, se o crescimento e o desenvolvimento no Norte conseguiram dar a ilusão, sobretudo durante os Trinta Gloriosos (1945–1975), de concretizar uma certa forma de justiça, através da subida estatística do nível de vida médio e, portanto, permitindo alguma realização da *vida boa*, não aconteceu o mesmo no Sul. Aí, verifica-se tristemente a brincadeira de Raimon Panikkar: «Quando os norte-americanos — e isto pode estender-se ao conjunto dos ocidentais — dizem *justiça*, na verdade devemos ler *just us* [apenas para nós].»

Hoje em dia, também no Norte, assistimos ao fracasso desta felicidade quantificada e, portanto, ao desmoronar de um dos pilares imaginários da sociedade ocidental, a partir de agora mundializada. Para paliar esta crise, outras conceções da *vida boa* surgem aqui ou ali, mas, não sendo postas em causa as bases da sociedade de crescimento e a invenção de uma sociedade de *abundância frugal*, há poucas hipóteses de as ver vingar.

2. Da crítica aos indicadores de riqueza à redescoberta do *buen vivir*

A sociedade de crescimento, cujo programa corresponde ao da modernidade, representa uma traição às suas próprias promessas. O acesso aos bens de qualidade é limitado a uma minoria, e o consumo de massas não origina a *felicidade* prometida à maioria, estando, à partida, garantido um *crash* ecológico. A partir de então, um vez considerado o fracasso da felicidade moderna como «boa vida» e depois de termos tido em conta propostas dos economistas críticos, mais do que seguir o caminho que nos conduziu a esse ponto confiando na técnica, não será melhor escutar a voz renascente dos povos nativos e regressar à sabedoria milenar da limitação das necessidades para reencontrar a abundância na frugalidade, na perspetiva de construir um futuro sustentável? Seja como for, é essa a visão oferecida pelo decrescimento.

Do sonho ao pesadelo: o fracasso da maior felicidade quantificada no Norte

Para conceber e construir uma sociedade de abundância frugal e uma nova forma de *vida boa* é preciso desconstruir a ideologia da felicidade quantificada da modernidade; por outras palavras, para descolonizar o imaginário do PIB *per capita* é preciso compreender como este se instalou nos nossos espíritos.

É relativamente fácil fazer justiça à pretensão de associar felicidade e PIB *per capita* e mostrar que o produto nacional ou interno bruto (PNB ou PIB) mede apenas a «riqueza» comercial e aquela que podemos associar à mesma. Com efeito, estão excluídas do PIB as transações realizadas fora do mercado (tarefas domésticas, voluntariado, rendimento não declarado), ao passo que as despesas de «reparação» dos prejuízos do crescimento (insegurança, poluição, stresse, doenças, etc.) são contabilizadas em terreno positivo, não sendo deduzidos os danos gerados (externalidades negativas), não mais do que a perda do património natural. «Assim sendo, o PIB não é essencial», assinalam Gadrey e Jany-Catrice, é «um fluxo de riqueza meramente comercial e monetária. Quanto ao crescimento, constitui a progressão do PIB, ou seja, a progressão do volume de todas as produções de bens e de serviços que se vendem, ou que têm um preço, *produzidas em troca de trabalho remunerado.*»[1] Por conseguinte, «tudo o que se pode vender e que tem um valor acrescentado monetário vai alimentar o PIB e o crescimento, independentemente de isso aumentar ou não o bem-estar individual e coletivo. [...] Muitas atividades e recursos que contribuem para o bem-estar não são contabilizadas, simplesmente porque não são comerciais ou porque não têm um custo de produção monetária direto.»[2] Diz-se, ainda, que o PIB mede os *outputs* ou a produção, e não os *outcomes* ou os resultados do processo em termos de satisfação e de bem-estar. Convém aqui lembrar o belíssimo discurso de Robert Kennedy (provavelmente escrito pelo seu consultor especializado, John Kenneth Galbraith), pronunciado alguns dias antes de ser assassinado: «O nosso PIB [...] compreende também a poluição do ar, a publicidade ao tabaco e as corridas das ambulâncias, que vão buscar os feridos às estradas. Compreende a destruição das nossas florestas e a destruição da natureza. Compreende o *napalm* e o custo do armazenamento dos resíduos radioativos. Em contrapartida, o PIB não tem em conta a saúde dos nossos filhos, a qualidade do seu ensino, a alegria dos nossos dias, a beleza da nossa poesia ou a solidez dos nossos casamentos. Não tem em consideração a nossa coragem, a nossa integridade, a nossa inteligência, a nossa sabedoria. Mede tudo, exceto aquilo que faz que a vida valha a pena ser vivida.»[3]

A sociedade económica de crescimento e de bem-estar não satisfaz, portanto, o objetivo da maior felicidade para o maior número, proclamado pela modernidade. Constatamo-lo de forma evidente.

«No século XIX», refere Jacques Ellul, «a felicidade vai estar essencialmente ligada ao bem-estar alcançado graças a meios mecânicos, industriais e graças à produção. [...] Esta imagem da felicidade fez-nos passar à sociedade de consumo. Agora que constatamos que o consumo não traz a felicidade, conhecemos uma crise de valores.»[4] É que, na redução *economicista*, como observa Arnaud Berthoud, «tudo aquilo que representa a alegria de viver em conjunto e todos os prazeres do espetáculo social em que cada um se mostra aos outros em todos os lugares do mundo — mercados, oficinas, escolas, administrações, ruas ou locais públicos, vida doméstica, locais de lazer... — são retirados da esfera económica e colocados nas esferas da moral, da psicologia ou da política. A única felicidade ainda esperada do consumo encontra-se distanciada da felicidade dos outros e da alegria comum.»[5] Jean Baudrillard vai ainda mais longe; põe em causa a própria aspiração à felicidade: «Não sei aquilo que as pessoas procuram. Ensinaram-nas a procurar a felicidade, mas, profundamente, isso não lhes interessa, não mais do que produzir e ser produzido. O que lhes interessa seria mais da ordem do fascínio e do jogo, mas não no sentido frívolo.»[6] A solidão consumista da sociedade chamada da abundância conduz facilmente à tristeza, se não mesmo ao desespero.

Herman Daly conseguiu mostrar com o *genuine progress indicator* (indicador de progresso autêntico) que, para lá de um certo limite, os custos do crescimento (despesas de reparação e de compensação) eram superiores em média ao seu retorno.[7] Isto reforça a intuição de Ivan Illich, segundo o qual «a taxa de crescimento da frustração excede amplamente a de produção». Somos confrontados com o sofismo da provocadora fórmula jornalística recuperada nos últimos anos pela maioria dos países em crescimento num ou noutro momento, no contexto de uma política neoliberal: «a economia está a correr bem, mas os cidadãos vão mal»[8]. Está mais do que nunca na ordem do dia com a mundialização, na sua fase atual, a partir do momento em que o famoso *trickle down* do desenvolvimento (ou seja, o efeito de infiltração ou de propagação) se transformou em *trickle up* (aumento as desigualdades).

Se, dando mais um passo, tentarmos passar do bem-estar à felicidade, tal como é idealizada na representação comum, os desvios, por mais que os possamos medir, são implacáveis. Num livro notável, *The Loss of Happiness in Market Democracies*, Robert E. Lane enumera todos os vieses teóricos possíveis da contabilidade para tentar medir, apesar de tudo, a evolução da felicidade pessoal (*subjective well-being*) nas sociedades liberais. A sua conclusão é que, nos Estados Unidos, o progresso do nível material de vida foi acompanhado de uma descida indiscutível da *felicidade* real da maioria dos norte-americanos. Esta descida dever-se-ia essencialmente à degradação efetiva das relações humanas fundamentais (aquilo a que Lane chama *companionship*)[9]. Esta constatação é confirmada por muitos inquéritos de opinião sobre o bem-estar subjetivo, em oposição ao *bem-ter* estatístico do PIB. Estes permitem ficar com uma ideia do assunto, e a tomada de consciência deste desvio paradoxal entre os indicadores do PIB *per capita* e do bem-estar sentido pela população generaliza-se. A 2 de abril de 2012, a Assembleia-Geral das Nações Unidas realizou uma primeira conferência sobre a felicidade e o bem-estar e criou oficialmente o indicador da felicidade bruta, que será acompanhado de um *Relatório Mundial sobre a Felicidade.* Na sequência, decide fazer do dia 20 de março o Dia Internacional da Felicidade.

A partir de agora, uma ONG britânica, a New Economics Foundation, cruzando o resultado dos inquéritos sobre o sentimento de bem-estar vivido (*subjective well-being*), a esperança de vida e a pegada ecológica, define todos os anos um índice de felicidade (*Happy Planet Index*), que abala tanto a ordem clássica dos PNB *per capita* quanto o índice de desenvolvimento humano (IDH). Assim, em 2006, ficavam em primeiro lugar o Vanuatu, a Colômbia e a Costa Rica, ao passo que Itália ocupava apenas a 66.ª posição, a Alemanha a 81.ª, Espanha a 87.ª, o Japão a 96.ª, França a 129.ª e os Estados Unidos a 150.ª. Em 2009, a classificação punha à cabeça a Costa Rica, seguida da República Dominicana, da Jamaica e da Guatemala, com os Estados Unidos apenas na 114.ª posição. O paradoxo aparente desta alteração da ordem habitual explica-se porque a sociedade dita «desenvolvida» assenta na produção maciça de resíduos, ou seja, numa perda de valor e numa degradação generalizada tanto das mercadorias, que a aceleração do «descartável» transforma em refugo, quanto dos homens excluídos ou despedidos depois de serem utilizados, do diretor-executivo e do administrador descartáveis aos desempregados, aos indivíduos sem domicílio fixo, aos sem-abrigo e outros dejetos humanos.

A teologia utilizava uma bela palavra, o desamparo, para designar a situação daqueles a quem faltou a graça. O italiano, mais religioso, faz da mesma uma utilização diária laicizada e fala dos *disgraziati* (aqueles a quem faltou a graça, os desafortunados). A economia de crescimento funciona a favor do desamparo e multiplica os *disgraziati*. Com efeito, numa sociedade de crescimento, aqueles que não são *vencedores*, *assassinos*, *lutadores*, em suma, *os primeiros na corda*, são todos mais ou menos pessoas perdidas, ou seja, lixo, e ficam a sabê-lo... Segundo dados estatísticos, nos Estados Unidos, mais de três milhões de pessoas dormem todas as noites debaixo de pontes ou em parques, e vários outros milhões encontram-se detidos.[11] Um relatório da Oxfam informa-nos que, em 2017, o famoso 1% das pessoas mais abastadas do mundo detinha 87,7% das riquezas mundiais, e até que 62% das mesmas possuíam uma fortuna equivalente à da metade mais pobre da humanidade. O relatório de 2020 é ainda mais avassalador.[12] É, por fim, bastante simples compreender por que motivo a nossa riqueza nos empobrece. Uma sociedade fundada na avidez e na competição produz necessariamente uma massa imensa de «perdedores» absolutos (os abandonados) e relativos (os resignados), logo, de frustrados, a par de um pequeno grupo de predadores cada vez mais ansiosos por consolidar a sua posição ou por a reforçar. No limite, com o fim da concorrência e da guerra de todos contra todos, há apenas um vencedor, logo, um único *challenger* potencialmente feliz, ainda que o seu estatuto, necessariamente precário, o condene aos horrores da ansiedade, tal como Bernard Arnault, que só conseguiu ficar à frente de Bill Gates e de Jeff Bezos, em dezembro de 2019, na lista das maiores fortunas, algumas horas depois de uma operação na bolsa... Tudo o resto fica condenado aos tormentos da frustração, do ciúme e da inveja. A associação do crescimento a uma melhoria do bem-estar e à razão mais forte da felicidade é, segundo a expressão de Jean Baudrillard, «um extraordinário *bluff* coletivo [...] uma operação de magia branca»[13].

O regresso do recalcamento: a economia civil da felicidade

Para ultrapassar este fracasso, procuram-se por toda a parte novos indicadores capazes de restabelecer o conteúdo da aspiração à vida boa, incluída, apesar de tudo, na ideia original de felicidade. O rei do Butão, tendo estudado em universidades inglesas, descobre que o *desenvolvimento* de um povo já não seria uma questão meramente económica, mas deveria ter em conta fatores igualmente importantes como o bom governo, a saúde da população, a qualidade do ensino, do ambiente e da cultura local. Tendo em conta, no fundo, aquilo que Robert Kennedy dizia, o monarca inscreveu na Constituição do seu reino o objetivo de aumento da FNB (felicidade nacional bruta), retomando, assim, certamente sem o saber e com um certo humor, a proposta de Ian Tinbergen, mas em sentido contrário. Vimos florescer, na mesma linha, todo o tipo de projetos de índices alternativos, de modo a «reconsiderar a riqueza», muitas vezes com uma recuperação política e mediática.[14] Os economistas académicos, tomando consciência da promessa traída e sempre em busca de novas áreas onde fazer nome ou encontrar temas de tese a propor aos seus alunos, imaginaram um campo designado por *economics of happiness* (economia da felicidade), representado nos Estados Unidos por Richard Easterlin ou Daniel Kahneman, em particular.

Assim nasceu o projeto de uma «economia» civil ou da felicidade, desenvolvido sobretudo por um grupo de economistas italianos (representado principalmente por Stefano Zamagni, Luigino Bruni, Benedetto Gui e Leonardo Becchetti), que se ligavam, para lá daquilo que seria o parênteses da economia utilitarista anglo-saxónica, à economia civil napolitana alimentada pela tradição aristotélica que vingou em Itália pelo menos até ao século XVIII e que tinha origem numa crítica do individualismo.[15] Com Stefano Bartolini, mais ou menos ligado a esta corrente, e o seu *Manifesto para a Felicidade*, chegamos quase à *saída da economia* preconizada pelo movimento do decrescimento.[16] A construção de uma economia civil como esta tenta recuperar a *pubblica felicità* de Antonio Genovesi e da Escola das Luzes napolitana que o triunfo da economia política escocesa rechaçara. A *felicidade* terrestre, aguardando pela beatitude prometida aos justos no além e criada por um bom governo (*buon governo*), na senda da procura do bem comum, era, com efeito, o objeto de reflexão dos economistas napolitanos. Ao integrarem o mercado, a concorrência e a procura, por parte do indivíduo comercial, do seu interesse pessoal, estes pensadores não repudiavam a herança do tomismo. Estavam perfeitamente conscientes do «paradoxo da felicidade», redescoberto pelo economista norte-americano Richard Easterlin. «È legge dell'universo», escrevia Genovesi, «che non si puo' far la nostra felicità senza far quella degli altri.» («É uma lei do Universo não se poder criar a própria felicidade sem criar a dos outros.») Foram precisos dois séculos de destruição frenética do planeta graças ao «bom governo» da mão invisível e do interesse individual erigido em divindade para que os economistas redescobrissem estas verdades elementares[17] que os poetas, os escritores e os filósofos sempre proclamaram. «A minha felicidade reside em aumentar a dos outros. Preciso da felicidade de todos para ser feliz», escrevia André Gide em *Les nourritures terrestres*. As ciências cognitivas vêm, por seu lado, confirmar a importância dos «bens relacionais» para o sentimento de felicidade experimentado, alimentando o aspeto inter ou pluridisciplinar dos trabalhos da *economics of happiness*.[18] Toda a economia moderna, segundo Luigino Bruni, teria sido construída para evitar «a ferida do outro». Contra o risco ou o *horror comunitário*, a modernidade desenvolveu um projeto «imunitário». O projeto smithiano assenta, com efeito, na *immunitas* do mercado contra a *communitas*. A benevolência serve então apenas como último recurso do capitalismo compassivo. Aquela a que, em Adam Smith, apenas o mendigo tem recurso «assemelha-se mais ao *munus* de que fala Marcel Mauss (uma dádiva que expressa e reforça uma assimetria de poder e de estatuto nas relações sociais, que obriga aquele que o recebe a dar, por seu turno) do que à dádiva como expressão de gratuidade e de liberdade recíproca»[19]. Smith reconhecia perfeitamente que: «Naquilo que diz respeito à felicidade real (*vera felicità*) da vida humana, os pobres não são em nada inferiores aos que parecem estar tão acima dele», mas a economia que esta felicidade inaugura não tentará precisar o seu conteúdo nem verificar a sua realização. No mundo da economia, era mesmo, até há pouco tempo, incoerente falar da felicidade, especialmente em França. «Gradualmente», escreve Ellul, «o bem-estar ganhou, aliás, tal importância que somos tentados a minimizar a felicidade, conceito vago, incerto, completo, comportando uma sobrevivência de subjetividades lamentáveis e de sentimentalismo romântico. Os sociólogos e os economistas atuais preferem de longe lidar com o bem-estar (nível de vida, estilo de vida, etc.), que pode ser delimitado, analisado, em rigor, quantificado.»[20] Esta é sem dúvida uma das razões pelas quais a sugestão de Tinbergen não foi considerada, e ainda menos devido ao erro que haveria em identificar «bem-ter» e bem-estar. A tentativa, sem dúvida prematura, de Philippe d'Iribarne e do Centre d'Études et de Recherches en Économie du Bien-Être (CEREBE), na década de 1970, de incluir a felicidade numa avaliação económica não desembocou num sucesso significativo, e, depois de alguns anos, a iniciativa foi abandonada.[21] A felicidade foi abandonada ao embuste publicitário que se precipitou pela fenda que ficou aberta. «A felicidade está inscrita no ADN da *Coca-Cola*», declara a empresa de Atlanta que organizou um «Observatório da Felicidade» em 2010, o qual financia centros de investigação pública como o CNRS para trabalhar neste novo campo. No mundo empresarial, existe a partir de agora um verdadeiro *happy washing*, bem como um *greenwashing*. Escusado será dizer que a frustração dos utilizadores não diminui consideravelmente.

De forma bastante lógica, os teorizadores sérios da economia da felicidade conseguem reabilitar uma certa forma de sobriedade aderindo às ideias do movimento da simplicidade voluntária.[22] Esta economia civil da alegria de viver está, portanto, fortemente associada à visão de uma sociedade de decrescimento. Veicula, porém, uma dupla ambiguidade. Por um lado, deixa sobreviver o corpo moribundo daquilo que pretende abolir, a economia como racionalidade calculadora. Por outro, ao abolir a fronteira entre o económico e o não económico, mantém aberta, sem dúvida sem o desejar, a via para um pan-economismo ainda mais invasivo do que aquilo que pretende combater.[23] Tentar incluir o incalculável no cálculo conduz, naturalmente, a um impasse. O filósofo Cornelius Castoriadis dizia sempre: «Prefiro ganhar um amigo novo a um carro novo.» Sim, mas um amigo novo vale quanto?[24] Estas ambiguidades explicam por que motivo os economistas da Escola da Felicidade (e todos os defensores de uma *outra* economia) têm dificuldade em ser considerados como *verdadeiros* economistas, sem conseguirem representar um verdadeiro paradigma alternativo. Depois de transposta a fronteira da racionalidade calculadora que delimita o espaço da disciplina, já não estamos no âmbito da economia, mas do «facto social total» de Mauss, cujo estudo pode ser designado por antropologia, sociologia ou, mais simplesmente, filosofia moral.

Uma via e uma voz de esperança vindas do Sul

Como é primeiro no Sul que o embuste da associação da *vida boa* ao bem-estar e à economicização da vida se manifesta da forma mais flagrante, é também do Sul que nos vem a promessa de uma via nova. «Será aquilo a que os franceses chamam *desenvolvimento*», interroga Thierno Ba, responsável por uma ONG senegalesa de desenvolvimento a partir do rio, «aquilo que os aldeões desejam? Não. Aquilo que estes desejam é aquilo a que o pulaar chama *bamtaare*. O que é que isto significa? É a procura, por parte de uma comunidade fortemente enraizada na sua solidariedade, de um bem-estar social harmonioso em que cada um dos elementos, do mais rico ao mais pobre, pode encontrar um lugar e a sua realização pessoal.»[25] É interessante notar que se encontra aqui a aspiração ao «bem viver» dos povos ameríndios, a qual resultou, há pouco tempo, em acesas reivindicações alternativas ao desenvolvimento. «Na Bolívia», segundo F. Huanacuni Mamani, «utiliza-se o termo aimará *suma quamaña*, e, no

Equador, o termo quéchua *sumak kawsay*, significando ambos "viver bem", "viver em plenitude", ou seja, "viver em harmonia e em equilíbrio com os ciclos da Terra-Mãe, do cosmos, da vida e com todas as formas de existência".»[26] «Acrescente-se», nota a antropóloga Françoise Morin, «que o termo aimará implica uma convivialidade necessária para se viver em harmonia com todos, o que convida a partilhar mais do que a rivalizar com o outro. Estes dois conceitos distinguem-se da noção ocidental do "viver melhor", sinónimo de individualismo, de desinteresse pelos outros, de procura do lucro, decorrendo daí uma exploração necessária dos homens e da natureza.»[27] A autora precisa ainda: «O bem viver não deve ser compreendido como um regresso a um passado andino, mas como um "conceito em construção", que resulta das práticas dos movimentos autóctones e das reflexões de intelectuais.»[28] Tal como para o *bamtaare* dos fulas, seria, portanto, um contrassenso encaixar tudo isto na ideologia de um *outro* desenvolvimento ou de um novo modelo de desenvolvimento, um *indigenising development*, como dizem alguns, mesmo fundado numa conceção biocêntrica, e, portanto, atribuir irrestritamente às populações não ocidentais a aspiração à *pursuit of happiness* no sentido do *american way of life*. Trata-se, nesta aspiração, de romper com a economia e de sair da mesma, para reencontrar a «vida boa» no plano *societal*. A vida boa está ligada à sociedade boa, e a sociedade boa não é fundamentalmente aquela que fornece em primeiro lugar os meios de existência; é ela que, antes de mais, oferece razões para viver, ou seja, *sentido*.

Percorrer em sentido inverso a via do económico que nos fez passar da *felicidade*, forma terrestre da beatitude, ao PIB *per capita*, através da redução do bem-estar experimentado ao bem-ter estatístico finalmente medido pela quantidade de bens comerciais consumidos individualmente, sem se preocupar com os outros e com a natureza, é decerto necessário para se compreender como chegámos ao ponto em que nos encontramos.

No entanto, esta *metanoia* (inversão do pensamento) não deve ficar por aqui e deixar perdurar o mito do progresso indefinido. Reencontrar o sentido da medida não será em primeiro lugar sair da obsessão do mensurável e dizer adeus à economia para reencontrar o social? Mais coerentes do que os economistas heterodoxos sobre o facto de que aquilo que conta não se conta, os ameríndios da Bolívia e do Equador fizeram inscrever o *sumak kausai*, o viver bem, como objetivo, na sua nova Constituição, precisando que não era de todo o mesmo que o conceito etnocêntrico de desenvolvimento. Abriram assim caminho para uma «vida boa» reencontrada na frugalidade convivial.[29]

Encontrar ou reencontrar a *alegria de viver*, que, para a maior parte das pessoas simples das nossas sociedades, se traduz pelo significante ambíguo de «felicidade», persiste como aspiração mais do que nunca partilhada. O fracasso da realização deste objetivo pela sociedade de crescimento obriga a redefinir a «vida boa» sobre outras bases. A redefinição da *felicidade-vida boa* como «abundância frugal numa sociedade solidária» corresponde à rutura criada pelo projeto de decrescimento. Foi a necessidade sentida por toda uma corrente da ecologia política e dos críticos do desenvolvimento de romper com o *cliché* do desenvolvimento duradouro que levou a lançar, quase por acaso, o *slogan* do decrescimento. Rapidamente transformado em estandarte de união para todos os que aspiram à construção de uma verdadeira alternativa à sociedade de consumo ecologicamente insustentável, eticamente discutível e socialmente insuportável, o termo «decrescimento» constitui a partir de agora uma *ficção performativa* que procura significar a necessidade de rutura com a lógica produtivista e consumista. O decrescimento não é, portanto, à partida, um conceito, e sobretudo não é simétrico de crescimento. Esta palavra de natureza política provocadora tem principalmente como objetivo fazer-nos reencontrar o sentido dos limites; em especial, o decrescimento não visa nem a recessão nem o crescimento negativo. Não deve, pois, ser tomado à letra: decrescer para decrescer seria tão absurdo como crescer para crescer. Claro que os *decrescentes* querem aumentar a qualidade de vida, do ar, da água e de uma multiplicidade de coisas que o crescimento pelo crescimento destruiu. E, naturalmente, a alegria de viver. Para falar de forma rigorosa, seria preciso, sem dúvida, usar o termo de acrescimento do mesmo modo que se fala de ateísmo. E é, aliás, muito precisamente do abandono de uma fé e de uma religião que se trata: as do progresso e do desenvolvimento. De nos tornarmos ateus do crescimento e da economia. A rutura com o decrescimento remete, portanto, simultaneamente, para as palavras e para as coisas, implica uma descolonização do imaginário e a concretização de outro mundo possível.

Embora exista uma certa dose de acaso no encadear dos acontecimentos, o aparecimento de um movimento radical que propõe uma alternativa real à sociedade de consumo e ao dogma do crescimento correspondia a uma necessidade que não é abusivo qualificar como histórica. Perante o triunfo do ultraliberalismo e a proclamação arrogante do famoso TINA (*there is no alternative*) de Margaret Thatcher, as pequenas franco-maçonarias antidesenvolvimentistas e ecológicas já não se podiam satisfazer com uma crítica teórica quase confidencial. Tornava-se urgente opor-lhe outro projeto de civilização ou, mais exatamente, dar visibilidade a um desígnio há muito em gestação, mas que avançava de forma subterrânea.

A construção desta sociedade alternativa implica sair do círculo infernal da criação ilimitada de necessidades e de produtos e da frustração crescente que esse gera e, complementarmente, temperar o egoísmo resultante de um individualismo reduzido a uma massificação uniformizante. A primeira parte concretiza-se através da autolimitação de modo a alcançar a abundância frugal; a segunda, pela reabilitação do espírito da dádiva e pela promoção da convivialidade.

A análise daquilo a que alguns chamaram «a Escola» do pós-desenvolvimento, de onde saíram os «partidários» do decrescimento ou «objetores de crescimento», distingue-se das análises e das posições dos outros críticos contemporâneos da economia mundializada (movimento altermundialista, movimento antiutilitarista ou economia solidária) e das propostas de mudanças individuais, como o movimento da simplicidade voluntária, na medida em que não situa o cerne do problema no neo ou no ultraliberalismo, ou mesmo naquilo a que Karl Polanyi chamava a economia formal, ou seja, o universo do mercado, mas na lógica de crescimento encarada como *essência* da economicidade. Nisso, o projeto é radical. Não se trata de substituir uma «economia boa» por uma «má», um crescimento *bom* ou um desenvolvimento *bom* por maus, repintando-os de verde ou de social ou de equitativo, com uma dose mais ou menos forte de regulação estatal ou de hibridação pela lógica da dádiva e da solidariedade. Trata-se nem mais nem menos de *sair* da economia. Esta fórmula geralmente não é entendida, porque os nossos contemporâneos têm dificuldade em tomar consciência de que a economia é uma religião. Quando dizemos que, para falar de forma rigorosa, deveríamos falar de acrescimento, tal como se fala de ateísmo, é precisamente disso que se trata. Tornarmo-nos ateus do crescimento e da economia. Fazer do decrescimento outro paradigma de desenvolvimento ou uma variação do desenvolvimento sustentável, como alguns fizeram, constitui um contrassenso teórico. O projeto de decrescimento não passa da construção de uma *outra* sociedade, uma sociedade de abundância frugal ou de prosperidade sem crescimento (Tim Jackson). Por outras palavras, à partida não é um projeto económico, apesar de se tratar de *outra* economia, mas um projeto societal que implica sair da economia como realidade e discurso imperialistas.

Claro que, como qualquer sociedade humana, uma sociedade de decrescimento terá de organizar a produção da sua vida, ou seja, utilizar racionalmente os recursos do seu meio e consumi-los através dos bens materiais e dos serviços, mas um pouco como as sociedades da abundância da Idade da Pedra descritas pelo antropólogo Marshall Sahlins, que nunca entraram no plano económico.[30] Não o fará no espartilho de ferro da escassez, das necessidades, do cálculo económico e do *Homo œconomicus*. Estas bases imaginárias da instituição da economia devem ser postas em causa. Como Jean Baudrillard tão bem observou no seu tempo, «uma das contradições do crescimento é o facto de produzir ao mesmo tempo bens e necessidades, mas de não os produzir ao mesmo ritmo». Resulta daí aquilo que se designa por «depauperização psicológica», um estado de insatisfação generalizado, que «define a sociedade de crescimento como o contrário de uma sociedade de abundância»[31]. A abundância é encenada através do espetáculo do extraordinário desperdício da sociedade de consumo, mas a realidade vivida é a da frustração. Os situacionistas chegaram, com grande acerto, ao ponto de pôr em causa o fundamento dos conceitos de riqueza e de pobreza, de desenvolvimento e de subdesenvolvimento. Contra os economistas e os sociólogos que falavam de «sociedade de abundância», estes lembravam que «a abundância, como futuro humano, não seria abundância de objetos, [...] mais *abundância de situações* (da vida, de dimensões da vida)» e que a felicidade não nasce da posse de bens, mas «depende de uma realidade global que não implica nada mais nada menos do que personagens em situação: pessoas vivas e o momento que é o do seu esclarecimento e dos seus sentidos (a sua margem de possível)»[32]. A pretensa sociedade de abundância é, acima de tudo, uma sociedade de escassez e de carestia das coisas essenciais: o ar puro, a água natural potável, uma alimentação saudável, os espaços verdes, habitação e, sem dúvida, tempo e convivialidade...

A frugalidade reencontrada permite, pelo contrário, reconstruir uma sociedade de abundância com base naquilo a que Ivan Illich chamava a «subsistência moderna». Ou seja, «o modo de vida numa economia pós-industrial no seio da qual as pessoas conseguiram reduzir a sua dependência face ao mercado, e conseguiram-no protegendo — através de meios políticos — uma infraestrutura na qual técnicas e ferramentas servem, em primeiro lugar, para criar valores de uso não quantificados e não quantificáveis pelos fabricantes profissionais de necessidades»[33]. Trata-se de sair do imaginário do desenvolvimento e do crescimento, de voltar a embutir o plano económico no social através de uma *Aufhebung* (abolição/ultrapassagem). A partir daqui, impõe-se a ideia de que uma sociedade sem obsessão de crescimento, que seja sustentável, equitativa e próspera, ou mesmo festiva, não pode ser frugal.[34]

Um elemento complementar importante para abandonar as aporias da ultrapassagem da modernidade é a convivialidade. Tal como esta combate a reciclagem dos resíduos materiais, o decrescimento caracteriza-se por se interessar pela reabilitação dos *descartados*. Se o melhor dejeto é aquele que não foi produzido, o melhor *descartado* é aquele que a sociedade não cria. Uma sociedade *decente* ou convivial não deveria produzir excluídos.

A convivialidade, termo que Ivan Illich recupera de Brillat-Savarin, o grande gastrónomo francês do século XVIII, autor de *Fisiologia do Gosto*, visa precisamente restabelecer a reurdir o laço social desfeito pelo «horror económico» (Rimbaud). A convivialidade reintroduz o espírito da dádiva no comércio social, a par da lei da selva, e reata assim a *philia* (a amizade) aristotélica, preservando ao mesmo tempo o espírito da *agápe* cristã.[35] Esta preocupação remete, na verdade, para a intuição de Marcel Mauss, que, no seu artigo de 1924, «Appréciation sociologique du bolchevisme», defende, «arriscando parecer antiquado e enunciador de lugares-comuns», um regresso «aos velhos conceitos gregos e latinos de *caritas*, que tão mal traduzimos hoje por caridade, de *philia*, de *koinomia*, da "amizade" necessária, da "comunidade", que constituem a delicada essência da cidade»[36].

Importa também, para consumar positivamente a rutura com a sociedade de crescimento, conjurar a rivalidade mimética e a inveja destruidora que ameaçam qualquer sociedade democrática. Com efeito, na sociedade moderna, a justiça a que se confiou a missão de regular os conflitos é simultaneamente necessária e improvável. Necessária para evitar que a guerra de todos contra todos, que provocaria, sem isso, o desaparecimento das relações tradicionais, não degenere em massacre generalizado. Improvável, porque implica a igualdade, ela própria possível, e um mundo comum destruído pelo fantasma da liberdade sem limites. É por isso que o espírito da dádiva e a sua graça são necessários a uma sociedade do pós-crescimento para esta ser convivial. Com efeito, uma justiça meramente formal, mesmo quando funciona bem — o que raramente acontece —, regula os conflitos entre os indivíduos, mas encerra os átomos sociais no deserto da sua solidão, sem resolver as situações de miséria material e moral que resultam em especial dos antagonismos de classes. A convivialidade, forma atenuada da *philia*, permitiria a compatibilidade de um individualismo autêntico a que nos é impossível renunciar e da solidariedade necessária à existência de uma comunidade. É sem dúvida para responder a esta necessidade que intelectuais norte-americanos inventaram/ /reabilitaram o *care*, que pode ser considerado como uma forma mais individual e mais feminina de convivialidade.

Para concluir, podemos interrogar-nos sobre a ética que convém para a vida boa. Se, como pensava John Stuart Mill, «o problema ético principal reside em conciliar a felicidade pessoal e o bem comum», o projeto do decrescimento constitui uma tentativa de resolução. Neste sentido, associa-se à tentativa de Judith Butler de fornecer as condições objetivas para nos permitir a todos levar uma vida boa. Nunca sendo garantido o sucesso de uma vida feliz, foi também por isso, para lá do problema da sua ambiguidade semântica, que nunca retomámos a expressão «decrescimento feliz (*decrescita felice*)», popularizada pelo nosso amigo Maurizio Pallante, mas preferimos falar de decrescimento sereno, sustentável ou convivial.[37] A via do decrescimento é uma abertura, um convite a descobrir outro mundo possível. No entanto, este convite também é válido para aí viver, aqui e agora, e não apenas num futuro hipotético, que, por mais desejável que seja, sem dúvida nunca conheceríamos. Este outro mundo encontra-se, portanto, igualmente neste. Também está em nós. Neste sentido, o projeto coaduna-se bem com a preocupação de Judith Butler de «levar uma vida boa numa vida má»[38]. Não obstante, enquanto economistas de formação, a nossa iniciativa, ao contrário da de Judith Butler, não parte da ética individual para desembocar numa mudança de sociedade, mas, pelo contrário, nasce da rutura cultural necessária e avança para as implicações sobre a vida pessoal. A via do decrescimento, embora não seja garantia de acesso à felicidade terrestre, é, mesmo assim, uma solução para a decadência maciça gerada pela sociedade de crescimento. Constitui um caminho de saída, para recuperar a autoestima, reencontrando uma inserção harmoniosa num meio natural e humano. Como dizia a ecofeminista e precursora do decrescimento Françoise d'Eaubonne a propósito do socialismo, «não é a felicidade garantida, mas o fim da infelicidade obrigatória»[39]. A via do decrescimento visa precisamente construir uma sociedade ecossocialista mais justa e mais democrática, uma sociedade decente de abundância frugal, fundada na autolimitação das necessidades. Não sendo o consentimento ao ser uma submissão ao sendo, é na resistência ao consumismo cúmplice da banalidade económica do mal que o objetor de crescimento inventa outra felicidade, uma arte de viver na alegria. A alegria celebrada por Beethoven no famoso hino do início da sua *Nona Sinfonia* e, antes dele, por Johann Sebastian Bach, num cântico não menos famoso, é este sentimento universalmente partilhado que se experimenta pelo simples facto de nos sentirmos vivos e em harmonia com a nossa envolvente natural e humana. Aliás, não foi por acaso que Jean Giono, outro precursor do decrescimento, num dos livros que escreveu no período em que estava mais empenhado na construção de uma sociedade alternativa com a experiência da comunidade de Contadour, recuperou o título de Bach: «*Que ma joie demeure!* [Que a minha felicidade perdure!]»[40]

SEGUNDA PARTE

Gastronomia, alimentação pouco saudável e decrescimento

A alimentação representa uma parte importante do projeto do decrescimento. Nos órgãos de comunicação social associa-se com frequência o decrescimento às ameaças de fome ou pelo menos de carências alimentares, o que pode parecer bastante natural para quem não conhece o conteúdo do projeto. Por um lado, podemos, de facto, ser espontaneamente tentados a pensar que o decrescimento, levando a palavra à letra, conduzirá a uma redução da produção, incluindo a dos produtos agrícolas, e, portanto, a um aumento dos problemas recorrentes da fome no mundo e, por outro, que a alimentação numa sociedade de decrescimento será necessariamente muito austera. Estas duas ideias são falsas: é, pelo contrário, a agricultura produtivista da sociedade de crescimento, com a sua alimentação globalizada, que cria e criará cada vez mais fome, malnutrição e degradação da qualidade da dieta alimentar. Assim sendo, a frugalidade necessária envolvida no projeto incide mais nos excessos do sobreconsumo e no desperdício do que na qualidade da alimentação, e não significa de todo um ascetismo imposto. Os «objetores de crescimento», como gostam de se chamar os defensores do decrescimento, denunciam, pelo contrário, a alimentação pouco saudável (a *junk food*) e as desigualdades ligadas à agricultura produtivista e à grande distribuição, e propõem uma recuperação da agricultura campesina, respeitadora da dinâmica dos solos e da vida. Militam, além disso, a favor da preservação da rica diversidade das cozinhas tradicionais, ameaçada pela uniformização planetária.

Do ponto de vista da gastronomia, a primeira parte do paradigma do decrescimento declina-se sob a forma da resistência e do questionamento da ordem mundializada existente; trata-se primeiro de sair da sociedade de consumo. Este objetivo implica naturalmente uma luta contra a agroindústria e a grande distribuição, mas também contra a fome, a malnutrição, o desperdício e o descartável. A segunda parte é positiva: trata-se de construir uma sociedade de *abundância frugal*. Esta visa, em particular, favorecer uma alimentação saudável e de qualidade, ligada à agricultura biológica e, mais frequentemente, à cozinha tradicional, ou seja, à gastronomia. Tanto a conceção do projeto do decrescimento como o programa da sua aplicação política proposta como programa eleitoral em dez pontos, no espírito da rutura implicada pelo projeto, comportam muitas implicações que dizem respeito à alimentação.[1] É por isso que o movimento Slow Food corresponde tão bem à vertente gastronómica do decrescimento. Um aspeto sanitário importante que diz respeito a esta doença gerada pela alimentação pouco saudável, que atinge cada vez mais o mundo contemporâneo, a obesidade, testemunha de forma particularmente espetacular a natureza patológica da sociedade de crescimento. Finalmente, a luta contra o desperdício no campo da alimentação assume uma importância particular. A frugalidade neste domínio pode mesmo estar na origem da inventividade culinária.

3. O decrescimento e as suas implicações alimentares

Aquilo que se põe em causa com o decrescimento não é, naturalmente, o conjunto dos fenómenos de crescimento, mas a «sociedade de crescimento» em que vivemos. Esta pode ser definida como uma sociedade dominada por uma economia de crescimento e que tende a deixar-se absorver por ela. O crescimento pelo crescimento torna-se, assim, o objetivo primordial, se não o único da vida. Esta é a consequência do triunfo da economia no imaginário e na prática. Uma sociedade assim não é sustentável, porque colide com os limites da biosfera.

Para conceber uma sociedade de decrescimento, temos, portanto, literalmente, de sair da economia. Isto significa pôr em causa o domínio da economia sobre o resto da vida na teoria e na prática, mas sobretudo nas nossas cabeças. É preciso, por conseguinte, articular o nível da conceção do projeto e o da aplicação de um programa político. Nos dois níveis, as implicações alimentares são importantes.

A conceção

A conceção da alternativa decrescente, como propusemos em várias obras, pode assumir a forma, para os países do Norte, de um «círculo virtuoso» de sobriedade em 8 R: reavaliar, reconceptualizar, restruturar, relocalizar, redistribuir, reduzir, reutilizar, reciclar. Estes oito objetivos interdependentes podem desencadear uma dinâmica de decrescimento sereno, convivial e sustentável.[1] Direta ou indiretamente, todos estes objetivos têm implicações sobre as práticas agrícolas, alimentares, nutricionais e mesmo culinárias.

O ponto de partida é uma mudança radical de valores em relação aos da sociedade de crescimento. E quais são os valores da sociedade de crescimento? Basta premir o botão de um canal televisivo para perceber imediatamente: ganhar dinheiro, o máximo possível, por todos os meios, exaltando a concorrência, a competitividade, a vontade de ser bem-sucedido a qualquer preço, eventualmente esmagando os outros. E também, claro, destruindo a natureza de forma impiedosa e sem limites. Compreende-se perfeitamente que este programa nos leve a esbarrar diretamente contra a parede e que seria preciso introduzir neste universo um pouco mais de altruísmo, um pouco mais de cooperação, e modificar por completo as nossas relações com a natureza. Conviria comportarmo-nos como bons jardineiros, ao invés de como predadores. A revalorização da lentidão, do *slow*, em reação contra a obsessão da velocidade, e da qualidade em relação à quantidade diz evidentemente respeito à alimentação e, de uma forma geral, à maneira como se produz aquilo que consumimos.

Se pusermos em causa os valores em que assentam o nosso modo de vida e o nosso sistema de funcionamento, seremos também levados a pôr em causa os conceitos com os quais apreendemos o nosso mundo e a nossa realidade. Em particular, devemos considerar que a riqueza não é apenas a *massa*; a verdadeira riqueza pode ser também ter amigos, fazer coisas interessantes, *enriquecer-se* intelectualmente, poder concretizar o seu potencial, etc. Se pusermos em causa a redução da riqueza ao dinheiro, devemos também reabilitar a pobreza, distinguindo-a da miséria material e moral.[2] Uma forma de frugalidade digna era, para todas as sociedades, e para a nossa, até aproximadamente o século XVIII, um valor positivo. Esta frugalidade, como lembra muitas vezes Carlo Petrini, o fundador do movimento do Slow Food, está na própria origem da invenção de uma parte importante da cozinha. É também o que refere o grande arquiteto e urbanista da pobreza, Yona Friedman: «Não esqueçamos», escreve, «que aquilo a que chamamos a arte da cozinha sempre foi, antes de mais, um processo de *comestibilização* dos produtos do ambiente, antes de ser um meio de satisfazer o hedonismo. A comestibilização, cuja principal função foi manter-nos vivos, é ao mesmo tempo a origem de uma arte entre as maiores, que combina o prazer biológico com o prazer estético: a arte culinária (que só tem equivalente na arte de amar).»[3] E ainda: «A fermentação do vinho, dos queijos, para referir apenas dois exemplos, é uma grande invenção; a cozedura é outra, capital. Estes métodos de preparação permitiram o aumento das reservas de alimentos (visto que estes se conservam) em quantidades enormes, tendo em conta uma intervenção mínima sobre o ecossistema. Todo o conceito de *habitat* humano (a lareira, os palheiros), sublinhemo-lo também, foi moldado por estes métodos de preparação da comida, de que é resultado.»[4]

A lógica económica moderna transformou a sobriedade tradicional em valor negativo, ao mesmo tempo que os pobres se tornaram miseráveis. Isto resulta da destruição da esfera vernácula que permitia a subsistência de forma autónoma. É preciso redescobrir a dignidade da autolimitação. Também é preciso pôr em causa o par infernal fundador da *economicização* do mundo: a escassez e a abundância. A escassez dos economistas, que é completamente diferente da escassez natural, é uma invenção da economia moderna. É o resultado da apropriação dos bens comuns, que começou a partir do século XVI, em Inglaterra, com aquilo a que se chama o movimento dos *enclosures*, no momento em que se impediram os pobres de pôr os animais a pastar nos restolhos e os proprietários de terras dividiram os prados comunais. Esta confiscação dos bens postos à disposição do conjunto dos homens pela natureza continua nos dias de hoje com a privatização da água e de tudo o que é vivo. O que está em jogo na batalha sobre os OGM [organismos geneticamente modificados] é precisamente a expropriação dos agricultores de tudo o que era dádiva da natureza, a fertilidade das espécies. A fertilidade das espécies e a gratuitidade da reprodução natural representam algo de insuportável para a Monsanto, tal como o *software* livre é insuportável para a Microsoft, porque não podemos tirar proveito deles! É preciso, portanto, criar escassez artificialmente, para que todos os anos os agricultores paguem pelas sementes de que precisam para a reprodução, o trigo, o milho, etc. A luta contra esta artificialização do mundo traduz-se pela procura de alimentos naturais saudáveis e pela preservação da diversidade biológica, ao passo que a sobriedade leva a que se limite o descartável e o lixo. Esta autolimitação está na origem de uma verdadeira *abundância*, por oposição à falsa abundância encenada por uma sociedade de desperdício fundada na frustração dos desejos ilimitados insatisfeitos.

Se pusermos em causa os valores e os conceitos dominantes na sociedade de crescimento, isso vai levar a que se mudem as maneiras de produzir, as formas como se produz e as relações de produção. Esta alteração das estruturas implica necessariamente uma mudança na distribuição. Mas redistribuir é também fazê-lo com os direitos de sorteio sobre os recursos naturais. Isto implica reduzir a nossa pegada ecológica no Norte, para permitir que o Sul respire um pouco mais, consuma um pouco mais, viva um pouco melhor. A partilha foi sempre o segredo da convivialidade, que, como veremos, está muito ligada à gastronomia.

Uma das formas mais importantes desta mudança é a relocalização. Trata-se de uma verdadeira mudança de rumo. Relocalizar implica, com efeito, em primeiro lugar, *desmundializar*. Com a relocalização atinge-se a articulação da utopia concreta do projeto do decrescimento e do *programa político* de transição que se pode propor a partir daí. Relocalizar quer certamente dizer recriar empregos no local, mas não se reduz à vertente económica. Trata-se sobretudo de uma necessidade de reduzir a pegada ecológica. Em nome da racionalização económica, impuseram-nos uma grande mudança planetária contrária ao mais elementar bom senso. E assim, todos os dias, mais de quatro mil camiões passam pelo desfiladeiro do Perthus para transportar tomates andaluzes para os Países Baixos, ao passo que, ao mesmo tempo, tomates holandeses cultivados em estufa se dirigem para a Andaluzia. Por seu lado, por que motivo oito mil camiões atravessam todos os dias os Alpes entre a França e a Itália? Para transportar a água *San Pellegrino* para França e a água *Evian* para Itália. E, como prevemos que vá continuar a desenvolver-se, os projetos europeus florescem para criar novos túneis (como o do vale de Susa), novas autoestradas, novos TGV, novos caminhos de ferro, etc., através da destruição de territórios inteiros, para permitir passar de quatro mil camiões por dia a oito mil camiões e depois a dezasseis mil camiões ou o seu equivalente ferroviário, e por aí fora, até à asfixia. Há cerca de 30 anos, depois da catástrofe do incêndio no túnel do monte Branco, descobriu-se que um dos camiões calcinados transportava papel higiénico, como se os dois países não fossem capazes de produzir o seu próprio papel higiénico em condições aceitáveis.

Do ponto de vista do decrescimento, a relocalização é não apenas necessária no plano económico, mas sobretudo como higiene mental, intelectual e espiritual. Trata-se de encontrar o sentido do local. Para a alimentação, significa redescobrir os sabores dos produtos locais, de época, não sendo necessários grandes transportes e, portanto, congelação ou agentes conservadores. Ora, os produtos naturais e de qualidade são os ingredientes de base de qualquer boa cozinha.

Reduzir poderia por si só resumir o projeto do decrescimento visto pelo buraquinho da porta: reduzir a pegada ecológica, reduzir o consumo, reduzir o desperdício, etc. No Norte, temos de reduzir o consumo de carne, quanto mais não seja pela nossa saúde, mas também para permitir que todos nos alimentemos. «França é atualmente o país que consome mais proteínas animais por habitante. Se o mundo se alinhasse por ela, o planeta alimentaria apenas três mil milhões de habitantes; com um regime à base de proteínas vegetais, satisfaria as necessidades de doze mil milhões de seres humanos.»[5] Devemos sobretudo reduzir o desperdício; pelo menos 30% do pão e da carne da grande distribuição vão diretamente para o lixo, seja nos estabelecimentos comerciais seja nas casas particulares. Contudo, talvez a redução mais importante a implementar seja a redução do tempo de trabalho. Trabalhar menos é não só necessário para que todos possam trabalhar — uma das soluções efetivas do decrescimento para resolver os problemas do desemprego —, mas fundamental para mudar de vida. Trabalhar menos não significa necessariamente reduzir a sua atividade, mas trocar uma parte da atividade obrigatória por uma atividade escolhida. É preciso trabalhar menos para viver melhor, para redescobrir o sentido da nossa presença no mundo: demorar-se, saborear os produtos da terra. É também ter o vagar de cozinhar bons pratos.

Reutilizar impõe-se, naturalmente, em vez de deitar fora, em especial os eletrodomésticos postos rapidamente fora de uso devido à obsolescência programada. Existem muitas coisas que podem ser reutilizadas e cujo tempo de vida deveríamos prolongar. Ao mesmo tempo, isso criaria empregos. Ao reparar os aparelhos em vez de os deitar fora, poupar-se-iam evidentemente matérias-primas. A reutilização também tem lugar na gastronomia; muitas receitas saborosas nasceram da arte de reutilizar as sobras. A frugalidade imposta no passado às sociedades que viviam na pré-caridade enriqueceu a arte culinária, do que podemos tirar vantagem para aproveitar os recursos do planeta.

Finalmente, aquilo que não podemos reutilizar deveria ser reciclado. Para a alimentação, que tradicionalmente correspondia à reciclagem, havia o estrume e o composto, base de um adubo natural regenerador da biologia e da química dos solos, sem perigo para a saúde e sem poluição das camadas freáticas. A compostagem permite inclusivamente produzir metano para a energia renovável.

Assim, o círculo proposto em 8 R é não apenas virtuoso para a produção e o consumo em geral, mas também para a alimentação e a qualidade gastronómica do nosso modo de vida.

A implementação

O segundo nível, o da implementação do projeto do decrescimento, implica uma inserção muito maior no contexto. É esse o sentido do programa político *eleitoral* que se segue, em dez pontos, dos quais propusemos os nove primeiros R para França em 2007 (tendo o décimo sido acrescentado depois da crise de 2008), num artigo do *Le Monde Diplomatique*, recuperado depois no *Pequeno Tratado de Decrescimento Sereno*[6]:

1) Recuperar uma pegada ecológica sustentável.
2) Reduzir o transporte internalizando os custos através de ecotaxas adequadas.
3) Relocalizar as atividades.
4) Restaurar a agricultura campesina.
5) Reafetar os ganhos de produtividade em redução do tempo de trabalho e em criação de emprego.
6) Relançar a «produção» de bens relacionais.
7) Reduzir o desperdício de energia em quatro vezes.
8) Restringir fortemente o espaço publicitário.
9) Reorientar a investigação tecnocientífica.
10) *Reapropriar*-se do dinheiro.

Este programa é amplamente transponível, no período atual, para os outros países ocidentais, mas decerto não exatamente da mesma forma para os países de África ou da América Latina. A implementação do projeto de sociedade de abundância frugal deveria ser contextualizada pelos próprios cidadãos dos países em causa.

O primeiro objetivo, *recuperar* uma pegada ecológica igual ou inferior a um planeta, ou seja, com tudo o resto igual, uma produção material equivalente à das décadas de 1960 e 1970, implica uma mudança importante, mas menos radical do que parece. Como é possível, perguntaríamos, reduzir a pegada ecológica em cerca de 75%, algo necessário para atingir o objetivo, sem regressar à Idade da Pedra? Muito simplesmente, mais do que o aumento da ecoeficiência em sentido literal, reduzindo maciçamente os «consumos intermédios» entendidos em sentido lato (transportes, energia, embalagens, publicidade) sem prejudicar demasiado o consumo final. O regresso ao local e a abolição do «desperdício» deveriam contribuir para isso.

Muito simples, em teoria, as mudanças práticas necessárias implicam uma verdadeira rutura com a organização atual. O objetivo de *redução* dos transportes exigiria uma coragem política imensa, na medida em que a nossa dependência do sistema delirante e, em suma, contraproducente da organização atual (cada vez mais longe, cada vez mais depressa, cada vez mais frequente...) é muito grande. Os custos externos mínimos não cobertos pelos automobilistas seriam em França de mais de 25 mil milhões de euros por ano, ou seja, mais do que atual taxa interna sobre os produtos petrolíferos (TIPP)[7]. Internalizar os custos de transporte através de ecotaxas adequadas seria justo e favoreceria bastante o objetivo de consumir «zero quilómetros» — dispor de produtos frescos e da época, condição de uma cozinha saudável. Atacar o turismo de massas supõe, aliás, uma descolonização do imaginário desenvolvido, na medida em que, também aqui o *mexismo* [*bougisme*] entrou nos costumes. Será necessário um forte investimento pedagógico.

O terceiro ponto, *relocalizar* as atividades, implica também pôr em causa o volume considerável das deslocações de seres humanos e de mercadorias pelo planeta, tendo em conta o impacto negativo correspondente sobre o ambiente. Com efeito, os danos da mundialização são muito mais facilmente percetíveis neste campo através da destruição de empregos, da desertificação de territórios, etc. A relocalização, como filosofia, faz parte da conceção do decrescimento, e, neste sentido, já a evocámos. Trata-se agora de tomar medidas concretas para a implementar. No plano alimentar, que aqui nos interessa, seria preciso renunciar, por exemplo, ao consumo maciço de frutos e legumes «fora da época», mas existem tantos argumentos de bom senso para o fazer que não deveria ser algo muito difícil de realizar.

O quarto ponto, *restaurar* a agricultura campesina, significa encorajar uma produção o mais possível local, de época, natural, tradicional. Hoje, quando comemos um quilo de carne vermelha, estamos na verdade a consumir seis litros de petróleo (e centenas de milhares de litros de água). Importa, portanto, eliminar progressivamente esta dependência das energias fósseis através dos adubos químicos, dos produtos fitossanitários de síntese, da mecanização exagerada, do condicionamento e dos circuitos da grande distribuição. Proibir, em especial, o uso dos pesticidas químicos alergizantes, neurotóxicos, imunodepressores, mutagénicos, cancerígenos, perturbadores endócrinos e, logo, reprotóxicos (que podem provocar a esterilidade) é uma urgência sanitária.[8]

O quinto objetivo, *reafetar* os ganhos de produtividade em redução do tempo de trabalho e criação de empregos, enquanto houver desemprego, está de acordo, também, com o bom senso e, sem a propaganda produtivista, impor-se-ia muito naturalmente. Em França, em cerca de dois séculos, a produtividade horária do trabalho foi multiplicada por 30, a duração individual do trabalho visível só se reduziu para metade — e menos ainda se tivermos em conta aquilo a que Ivan Illich chama o trabalho-fantasma (tempo de deslocação, formalidades, etc.) —, e o emprego só foi multiplicado por 1,75, ao passo que a produção cresceu 26 vezes.[9] Trata-se de inverter as prioridades: repartir o trabalho e aumentar os tempos livres. Mesmo que a *formatação* da sociedade de crescimento tenha conseguido fabricar pessoas dependentes do trabalho (*workaholics*), a propensão para evitar o trabalho servil e os horários excessivos ou os ritmos infernais continua amplamente difundida. O aumento dos tempos livres tem um impacto considerável sobre a gastronomia; trata-se de uma condição necessária para escolher bons produtos e comer melhor, redescobrindo o prazer eventual de cozinhar.

O sexto objetivo, *relançar* a «produção» de bens relacionais, ou seja, os bens como a amizade ou o conhecimento, dos quais o meu «consumo» não diminui o *stock*, muito pelo contrário, não deveria enfrentar uma resistência forte, exceto por parte daqueles que querem privatizar e comercializar o saber e o relacional. «A troca intelectual», explica-nos Bernard Maris, «é fundamentalmente diferente da troca comercial. Numa troca intelectual, aquele que dá não perde nada, e aquele que recebe aceita, mas não desapossa o seu interlocutor. O saber, o conhecimento, a arte podem, assim, ser partilhados e «consumidos» por todos. O teorema de Pitágoras é utilizado por milhões de indivíduos, aplicado a milhares de funções, sem que ninguém seja privado dele. O conhecimento é um bem coletivo, um elixir da juventude em que todos podemos saciar a sede, sem despertar a menor frustração no outro.»[10] «A felicidade», dizia Raoul Follereau, «é a única coisa que temos a certeza de ter, depois de a termos dado.» Toda a «alegria daquilo que não se compra»: «Os prazeres que trazem uma conversa animada», precisa François Flahaut, «uma refeição entre amigos, um bom ambiente de trabalho, uma cidade onde nos sentimos bem, a participação nesta ou naquela forma de cultura (profissional, artística, desportiva, etc.), e, de uma maneira geral, o leque das relações com os outros.»[11] A maior parte destes *bens*, de que a vida em sociedade constitui a base por excelência, só existe se gozarmos de vários deles. «Mesmo o derradeiro lobo das estepes», insinua Jean-Paul Besset, «iria concordar: o *relacional* constitui a melhor parte das alegrias (e das dores) da existência.»[12] Trata-se, portanto, de desenvolver a convivialidade, que é também um condimento indispensável da alimentação saudável e da gastronomia, segundo as próprias palavras de Brillat-Savarin.

O sétimo ponto, *reduzir* o desperdício de energia em quatro vezes, está de acordo com os estudos da associação négaWatt.[13] Esta diz respeito à forma de habitar e aos hábitos de vida. A alimentação também se encontra envolvida por este objetivo; o acondicionamento de produtos, a congelação, o uso abusivo do micro-ondas, etc., são recursos de desperdício de energia. Prescindir deles implica mudanças de hábitos e uma adaptação que não apresentam apenas lados negativos, longe disso, mas que exigirão esforços de educação importantes.

O oitavo ponto, *penalizar* fortemente as despesas de publicidade, participa integralmente na descolonização do imaginário. No domínio da alimentação, a publicidade é, de facto, amplamente responsável pelo sucesso da alimentação pouco saudável. Poderíamos mesmo retomar aqui literalmente a proposta de Nicolas Hulot feita no seu *pacto ecológico*: «Neste espírito, seria preciso estudar a possibilidade de proibir gradualmente qualquer publicidade durante os programas destinados às crianças, em especial as mensagens que valorizam produtos prejudiciais à sua saúde. O objetivo aqui é limitar o condicionamento do consumo dos telespectadores numa idade em que não têm a distância crítica necessária em relação às solicitações publicitárias.»[14]

O nono ponto, decretar uma moratória sobre a inovação tecnocientífica, implica fazer um balanço sério e reorientar a investigação científica e técnica em função de aspirações novas.[15] Tratar-se-á de desenvolver, por exemplo, a «química verde», em vez das moléculas tóxicas, e a medicina ambiental, em vez do conjunto genético, de favorecer as pesquisas em agrobiologia e em agroecologia em vez de na agroindústria (OGM e outras quimeras). Para a alimentação, as consequências seriam importantes. Além disso, a moratória deveria estender-se como aval sobre os grandes projetos impostos e sobretudo inúteis (ITER [International Thermonuclear Experimental Reactor], autoestradas, TGV, incineradoras, etc.).[16] Com os acontecimentos recentes, a necessidade de se *reapropriar* do dinheiro, décimo e último objetivo, que aparecia de forma vaga nas observações do meu livro *O Desafio do Decrescimento* mas não constituía um ponto explícito, torna-se uma prioridade evidente do programa político de transição. É preciso assumir progressivamente o controlo da moeda e não a deixar exclusivamente nas mãos dos bancos. Como nos diz o bom senso, tem de servir, e não subjugar-nos. Trata-se, no imediato, de extinguir a ameaça recorrente de crise e de remediar a proliferação financeira.[17] Para o fazer, convém enquadrar a atividade dos bancos e das finanças, *redelimitar* o mercado mundial, *refragmentar* os espaços monetários. É preciso, descomplexadamente, regressar atrás, por exemplo, à *titularização* dos créditos ou ao excesso dos efeitos de alavancagem, logo, aumentar consideravelmente as taxas de cobertura. Muito provavelmente, seria preciso eliminar os contratos a prazo e regressar a sistemas mais clássicos de garantia para os importadores e exportadores (cujas operações deveriam, além disso, ser conduzidas a níveis mais razoáveis, através do questionamento necessário dos excessos do livre-cambismo e pela relocalização). Desenvolver moedas alternativas, locais ou biorregionais, complementares, com fórmulas diferentes a experimentar e a adaptar (crédito mutualista rotativo, taxa de juros negativa, etc.), faz parte deste objetivo, mas constitui também uma poderosa alavanca para relocalizar, ou seja, para se reapropriar do seu território de vida e *reabitar* o mundo[18] em reação ao fora de campo, aos não lugares e ao fora do tempo do produtivismo globalizado. A boa escala de um sistema monetário regional situa-se, sem dúvida, num intervalo bastante largo, de 10 mil a um milhão de pessoas, o que corresponde na maior parte das vezes à dimensão desejável de uma bio ou de uma ecorregião. É preciso, portanto, inventar uma verdadeira política monetária local. Para manter o poder de compra dos habitantes, os fluxos monetários deveriam permanecer o mais possível nos locais onde foram criados, ao passo que as decisões económicas deveriam ser tomadas à escala local. Tudo isto teria, evidentemente, um impacto positivo sobre os pequenos produtores locais de bens agrícolas saborosos que têm dificuldade em escoar produtos de qualidade tendo em conta a concorrência de produções industriais em massa baratas — é o caso, em particular, dos queijos e do vinho, apesar dos certificados de origem controlada e dos rótulos. Assim, de forma indireta, a reforma monetária também atinge a produção agrícola, a distribuição e a alimentação. No contexto atual, apenas as transformações locais parecem possíveis. Contudo, a generalização destas poderia, num cenário virtuoso, impor uma mudança global. Como vemos, são muitas as implicações alimentares e mesmo gastronómicas do decrescimento na sua conceção e na sua realização. Como a alimentação e a gastronomia são domínios que não deixam o público indiferente, porque tocam simultaneamente a saúde e os prazeres da mesa, podem ser alavancas a considerar para realizar a revolução do decrescimento.

4. O decrescimento e o Slow Food[1]

Nas minhas conferências sobre o decrescimento, digo muitas vezes que o movimento Slow Food de Carlo Petrini constitui a vertente culinária, gastronómica e agroalimentar do projeto de construção de uma sociedade de abundância frugal. O movimento Slow Food visa, com efeito, opor-se à restauração rápida, em reação à *cocacolonização* e à *mcdonaldização* planetária, e mais geralmente à velocidade obsessiva da vida contemporânea. Trata-se, à partida, de reagir contra a invasão da *fast food*, reabilitando e revisitando as práticas e produtos tradicionais, mas, em última análise, é toda a lógica do sistema que é interrogada.

À primeira vista, pode parecer duplamente paradoxal, como vimos, associar o decrescimento à gastronomia. Uma fração dos «objetores de crescimento» tem efetivamente um «decrescimento triste» ou leva o radicalismo ecológico até à proscrição da alimentação de origem animal — vegetarianismo, vegetalismo, veganismo. As escolhas *animalistas*, perfeitamente legítimas, não proíbem necessariamente o refinamento culinário, mas este não aparece na sua propaganda na maior parte das vezes agressiva. No entanto, a reabilitação da alegria de viver com base na luta pelo decrescimento passa bastante pela dos sabores — lembre-se de que sabor e saber têm a mesma raiz, a sapiência é o prolongamento da sapidez, e vice-versa. Uma alimentação saudável e saborosa constitui até uma forma agradável de enveredar pelo caminho do decrescimento e, além disso, a melhor maneira de sanar a obesidade favorecendo a agricultura biológica, ao mesmo tempo que se elimina o espectro da fome.

Em primeiro lugar, é preciso dissipar o mal-entendido sobre o significado da gastronomia. Na *Fisiologia do Gosto*, livro de cabeceira de Carlo Petrini, Brillat-Savarin define a gastronomia como «o conhecimento racional de tudo o que se relaciona com o homem, enquanto este se alimenta»[2]. Por conseguinte, a gastronomia é uma disciplina que engloba simultaneamente a história natural, a física, a gastronomia, mas também a medicina e a economia política. Para os defensores do decrescimento, comer tornou-se também, usando as palavras de Carlo Petrini, «um ato agrícola», ou seja, um ato político e médico, pois a gastronomia atinge toda a vida social.[3] Interrogar-se sobre o conteúdo do prato revela uma propensão legítima para os prazeres da boca, sem excluir, muito pelo contrário, a preocupação com uma harmonia cosmoândrica. Os «objetores de crescimento», que denunciam a comida pouco saudável (a *junk food*) e as desigualdades ligadas à agricultura produtivista e à grande distribuição, participam plenamente no projeto gastronómico do Slow Food. Os gastrónomos sinceros não deveriam permanecer indiferentes às injustiças que afetam a agricultura no mundo e ao destino dos agricultores, pequenos produtores, artesãos e outros trabalhadores do ramo agroalimentar. «Se o trabalho dos campos não for dignamente remunerado», escreve Petrini, «não há futuro para a agricultura nem para a gastronomia ou para a soberania alimentar.»[4] Assim, o movimento Slow Food encontra-se ao lado de todas as reivindicações agrícolas: «O direito à alimentação tem de passar necessariamente pelo respeito pela pequena agricultura e pelo respeito pelas gastronomias locais, pelo direito à água e à salvaguarda da biodiversidade.»[5]

Apesar de tudo, o movimento Slow Food continua a ser vítima, no nosso país, de um mal-entendido ligado a uma imagem enviesada, proveniente sem dúvida da história da sua implantação. No mesmo período da década de 1990, nascia igualmente em França uma contestação da alimentação pouco saudável. Esta teve início no Larzar, quando a confederação agrícola e a sua figura mítica, José Bové, desencadearam, de foice na mão, um formidável movimento simbolizado pela desmontagem de um McDonald's em Millau. Tudo começou, portanto, tal como para o Slow Food, com a contestação do *fast food*. A partir daí, porém, os contestatários franceses iriam afirmar o seu compromisso musculado até ao bloqueio da cimeira mundial do G7 em Seattle, em 1999, onde a alternativa não se revelou apenas sob a forma do nascimento e do desenvolvimento de um novo modo de restauração, mesmo que José Bové levasse na bagagem formas de Roquefort artesanal, mas sob a de um movimento muito mais amplo e radical, menos hedonista, o movimento altermundialista, com as suas ambições, as suas ambiguidades e os seus impasses. Além disso, as ameaças da restauração industrial foram durante muito tempo escondidas entre nós pela tradição gastronómica francesa, com a sua rede de restaurantes galardoados com estrelas Michelin condenados a preparar uma cozinha caseira à base de produtos frescos da terra, bem como por uma teia de restaurantes mais modestos, pequenas hospedarias e outros estabelecimentos de província, onde muitas vezes ainda se podem comer coisas simples, saudáveis e saborosas por um preço módico. Os franceses, sempre um pouco chauvinistas, que, bem ou mal, acham ter inventado a grande cozinha, não precisavam das lições de um italiano para saber o que é comer bem... Com efeito, o rótulo «Slow Food», destacado da outra vertente, Terra Madre, o movimento lançado pelo mesmo Petrini, dos produtores e artesãos da alimentação tradicional, e das relações com o movimento Via Campesina (para não falar da galáxia dos movimentos irmãos que se multiplicaram pouco depois, *slow cities*, *slow architecture*, *slow science*, *slow medicine*, *slow technics*, *slow agriculture*...), foi entendido (e continua de modo geral a sê-lo) como o *disfarce* de uma elite de ecologistas tolinhos um pouco snobes ou mesmo sectários e que dispunham de meios substanciais. E isso para mal do seu iniciador, que se lamenta pelo facto de ser tão pouco reconhecido na pátria do seu inspirador Brillat-Savarin. Falta preencher o grande fosso entre, por um lado, a abordagem necessariamente mais agressiva dos militantes anti-OGM, antipesticidas, dos sindicalistas da confederação agrícola, a da agricultura agroecológica e das biocooperativas, que é também a do decrescimento, e, por outro, a abordagem do movimento Slow Food. Devemos esperar que a tradução para francês do belo livro de Carlo Petrini *Cibo e libertà*, sob o título *Libérez le goût. Liberté et gastronomie*, elimine as últimas ambiguidades sobre a iniciativa deste autor, que anuncia, a partir de agora, e claramente, a proximidade e a complementaridade da sua luta contra o decrescimento.

Com efeito, depois de saído da sociedade de consumo, o decrescimento declina-se como a construção de uma sociedade de *abundância frugal*, expressão que contém evidentes conotações gastronómicas. O projeto visa em particular favorecer uma alimentação saudável e de qualidade, ligada à agricultura biológica e, mais frequentemente, à cozinha tradicional, ou seja, à gastronomia. Os «objetores de crescimento» reconhecem-se, portanto, plenamente no movimento Slow Food no sentido literal, com o seu *slogan*: «Bom, saudável e justo.»[6] Num certo sentido, este programa inscreve-se muito naturalmente na segunda parte do mantra dos ecologistas, pensar globalmente, agir localmente, ao passo que a primeira vertente do paradigma do decrescimento é global e negativa: sair da sociedade de consumo. Este agir local em nome de uma alimentação de qualidade produzida no respeito pelo ambiente e pelos homens implica, como é evidente, uma luta contra a agroindústria e a grande distribuição, mas também contra a fome, a malnutrição, o desperdício e o lixo. E, neste ponto, situa-se no movimento mais amplo de Terra Madre, gémeo do Slow Food, que estende a mesma preocupação ao nível da produção alimentar e do artesanato associado e, por conseguinte, se junta à luta pela salvaguarda da biodiversidade, por uma agricultura sem pesticidas e sem adubos químicos, contra o desperdício e a destruição dos solos e das paisagens. Não é por acaso que partilhamos a palavra-chave «convivialidade», que passou de Brillat-Savarin para Ivan Illich, ao passo que a escolha mais contingente de um mesmo emblema, o caracol, é uma circunstância feliz. Com efeito, o caracol mostra-nos não só a lentidão necessária (o *slow*), mas outra lição mais fundamental ainda, que não passa do próprio decrescimento. «O caracol», explica Ivan Illich, «constrói a delicada arquitetura da sua casca, acrescentando, uma após outra, espirais cada vez mais amplas, e depois para bruscamente e inicia enrolamentos desta vez decrescentes. Uma espiral cada vez maior daria à casca uma dimensão dezasseis vezes maior. Em vez de contribuir para o bem-estar do animal, a casca sobrecarregá-lo-ia. A partir de então, qualquer aumento da sua produtividade seria apenas paliar as dificuldades criadas por este crescimento da casca para lá dos limites fixados pela sua finalidade. Passado o ponto-limite do alargamento das espirais, os problemas do crescimento excessivo multiplicam-se numa progressão geométrica, ao passo que a capacidade biológica do caracol só pode, na melhor das hipóteses, seguir uma progressão aritmética.»[7] Este divórcio do caracol com a razão geométrica, com que também casou durante algum tempo, aponta o caminho para pensarmos uma sociedade de «decrescimento», se possível serena e convivial.[8] O projeto do decrescimento partilha, portanto, com o movimento Slow Food simultaneamente a luta contra a comida pouco saudável e a preocupação de salvar o património alimentar e culinário ameaçado e de redescobrir os sabores perdidos.

A batalha contra a comida pouco saudável: do garfo à foice

O génio de Carlo Petrini, como força do movimento Slow Food, reside no facto de ter partido de uma prática concreta incontornável para todos os seres humanos: alimentar-se. Na verdade, ninguém pode ficar indiferente ao conteúdo do seu prato (e do seu copo...). Desde o caso das vacas loucas até ao episódio da lasanha com carne de cavalo, passando pela água da torneira com atrazina, tantos escândalos puseram de tal forma em evidência os perigos contemporâneos da alimentação industrial e das recaídas na poluição gerada pela sociedade de crescimento na terra alimentadora que uma massa considerável de pessoas que normalmente «não se metem na política», como se costuma dizer, começaram a interessar-se mais profundamente pela questão. Ora, muito rapidamente somos levados pela força dos factos a integrar as fileiras, passando do garfo à foice e por aí fora. Com o *slogan* provocador do decrescimento, conseguimos atrair a atenção (mas também a repulsa...) dos órgãos de comunicação social e fazer chegar a alguns milhares de adeptos uma análise crítica da sociedade de crescimento e o projeto de construção de uma sociedade da abundância frugal, serena, convivial e sustentável. No entanto, o radicalismo da mensagem e o questionamento de muitos hábitos de vida que aquela implicava afastaram muito *boa gente* pouco tentada pelo heroísmo. Parece, pelo contrário, que foi a humildade da proposta de uma alimentação saborosa e saudável a ter levado, além dos consumidores, primeiro mais de cem mil produtores, camponeses, artesãos e pescadores, por todo o mundo, a aderir ao movimento Slow Food e a lutar contra a uniformização da alimentação e pela recuperação do paladar e dos sabores[9]; e depois, com Terra Madre, milhões e milhões de consumidores, de produtores, de profissionais diferentes levaram, muitas vezes de forma não intencional, o projeto revolucionário até um abandono do trio infernal: agricultura produtivista, *agrobusiness* e grande distribuição. E, portanto, feitas as contas, assim se pôs em causa a sociedade de crescimento e o consumismo. O Slow Food, que, direta ou indiretamente, atinge milhões de pessoas por todo o mundo — o que leva Carlo Petrini a dizer que se trata da maior multinacional da alimentação —, conseguiu, de certa forma, no ponto em que os *decrescentes* (mas também todos os movimentos *alter*) falharam, sensibilizar uma parte importante da opinião pública.

Lembre-se de que a palavra de ordem de decrescimento tem sobretudo como objetivo marcar fortemente a substituição do objetivo do crescimento pelo do decrescimento, objetivo irracional aquele, cujas consequências são desastrosas para o ambiente, mas também para a agricultura, para a alimentação e para a saúde. A batalha travada pelo movimento do decrescimento vai mais longe, portanto, do que a denúncia dos *fast foods*. Os «objetores de crescimento» pretendem atacar as origens do mal, a sociedade de crescimento, e propõem um remédio radical: a construção intencional de uma sociedade da sobriedade, a única compatível com os limites do planeta. O projeto de decrescimento implica, em particular, uma «desmundialização» sistemática e uma recusa do produtivismo agrícola. Este ataque frontal à ordem estabelecida do crescimento explica naturalmente os limites da nossa influência em relação ao Slow Food. Logo, é especialmente importante sublinhar a complementaridade das duas abordagens.

Propusemos, como vimos, uma conceção da mudança necessária sob a forma de um «círculo virtuoso» de sobriedade em 8 R. A revalorização da lentidão, do *slow* como reação à obsessão da velocidade, e da qualidade em relação à quantidade, por exemplo, faz claramente parte dos seus objetivos e atinge, como é evidente, a alimentação e de uma forma geral a maneira de produzir aquilo que consumimos. Alguns pontos do programa «político» que visa dar, para os países desenvolvidos, um conteúdo mais operacional ao horizonte de sentido da utopia concreta designada pelo círculo virtuoso dos 8 R são ainda mais explícitos.[10] Preveem *relocalizar as atividades* e *restaurar a agricultura campesina*. Este programa, para a agricultura, implica uma mudança de rumo de 180 graus. Recuperar a autolimitação não significa necessariamente regressar ao passado, mas implica construir um futuro eficaz e sustentável, aplicando, por exemplo, as ideias revolucionárias do agrónomo Ehrenfried Pfeiffer, discípulo de Rudolf Steiner, o fundador da antroposofia e da agricultura biodinâmica. Trata-se, em suma, de passar à agricultura biológica e biodinâmica, de desenvolver a agroflorestação e a agroecologia e de encorajar a permacultura. A palavra de ordem da associação dos consumidores italianos de consumir «zero quilómetros», substituída pelo Slow Food, é nesta ótica perfeitamente judiciosa. «Devemos a ideia de aplicar o conceito de zero quilómetros», diz-nos Cinzia Scaffidi, «à Coldiretti (Confederazione Nazionale Coltivatori Diretti), que escolheu esta fórmula, há cerca de dez anos, para incitar o consumidor a fazer a escolha preferencial de um consumo de alimentos locais e (por conseguinte) de época.»[11] Claro que não se trata de levar este *slogan* à letra e de incluir todos os produtos, mas convém tender efetivamente para consumos mais locais, mais de época, sem transporte, com zero emissões de gases de efeito de estufa e, por fim, zero stresse. O futuro conduz a uma agricultura certamente menos produtivista, mas mais produtiva — na sua exploração mais pequena, o camponês produz menos do que o agricultor industrial, com as suas centenas de hectares, mas o consumo de *inputs*, especialmente de energia fóssil, é infinitamente menor. Todos os estudos fiáveis demonstram que a agroecologia dá rendimentos superiores aos da agricultura industrial. O aumento é sensível quando praticado de forma inteligente (de 10 a 50%) para os países do Norte, sendo muito mais considerável (de 50 a 200%) nos países de clima tropical e equatorial e em solos mais frágeis. O preço a pagar é um investimento em trabalho bastante mais considerável; no entanto, no contexto atual, o desemprego maciço no Norte e de subemprego no Sul, a criação provável de milhões de empregos para esta reconversão necessária é fundamentalmente uma notícia excelente.

A revalorização da lentidão, da cozinha e dos sabores será favorecida pela redução não menos necessária dos horários de trabalho, redução que é um dos elementos estratégicos do projeto do decrescimento. A abundância frugal implica produzir menos, mas também viver melhor, recuperando tempo para o desenvolvimento pessoal e, porque não, para cozer em lume brando bons pratos com produtos provenientes de uma horta cultivada com paixão. O aumento dos tempos livres também é uma condição para escolher bons produtos e para comer melhor (e, naturalmente, jardinar, fazer bricolagem, cozinhar, etc.). A autoprodução constitui, além disso, uma forma de reduzir os custos ecológicos do transporte, de diminuir as embalagens e de facilitar a reciclagem. Claro que tudo isto implica que aprendamos a ser autónomos e a recuperar a utilização dos nossos dez dedos. A maior parte dos nossos contemporâneos tornou-se incapaz não só de fazer crescer um legume ou um fruto mas também de conceber e de preparar diariamente uma refeição simples, de confecionar bolos descomplicados para as crianças, de reparar um eletrodoméstico, de tratar do espaço envolvente, de isolar vantajosamente a sua residência, de tricotar uma camisola de lã ou um cachecol, etc. Muitos gestos quotidianos foram transferidos para profissionais, para comerciantes que sabem muito bem fazer-se pagar pelo custo dos seus serviços. Não consumimos mais do que aquilo que produzimos e não produzimos mais do que aquilo que consumimos.

As AMAP (Associations pour le Maintien de l'Agriculture Paysanne) ou o seu equivalente italiano, o GAS (Gruppo di Acquisto Solidale), permitem uma alimentação mais sazonal, mais local (zero quilómetros). Segue-se uma redução do desperdício, uma maior riqueza gastronómica e produtos mais saudáveis sem agentes conservadores. As embalagens, o acondicionamento dos produtos, a congelação, o uso sistemático do micro-ondas, etc., que são recursos de desperdício de energia, são assim poupados. Sem cair nos excessos de um veganismo sectário e por vezes masoquista, teremos certamente de reencontrar uma alimentação menos à base de carne, como o conhecido regime cretense ou mediterrânico. Em boa justiça, Cinzia Scaffidi faz o ponto da situação relativamente às gorduras. As gorduras boas são excelentes. O problema reside no abuso das más. Por um lado, o consumo excessivo de carnes (em especial, carnes vermelhas) seria responsável pelo desenvolvimento de cancros; por outro, sabendo que são precisas 5 a 10 calorias vegetais para produzir uma caloria alimentar e que 40% dos cereais produzidos no mundo servem para alimentar o gado, o consumo excessivo pelos ricos de carnes (más) é uma das causas da fome dos pobres.[12] Assim, a análise do conteúdo do prato pode levar a pensar que são possíveis mundos novos e, claro, mais desejáveis.

Da teoria global à prática local: da foice ao garfo

O que está em causa com a crítica das consequências negativas da sociedade de crescimento é o projeto de decrescimento, não, naturalmente, todos os fenómenos de crescimento, mas a «sociedade de crescimento» em que vivemos. O crescimento como fenómeno biológico é uma coisa maravilhosa, e é por ignorância, e ainda mais frequentemente por má-fé, que acusamos os «objetores de crescimento» de o ignorar. As plantas e os animais nascem, crescem e desenvolvem-se. Os ciclos biológicos do nascimento, do desenvolvimento, da maturação, do declínio e da morte do ser vivo, bem como da sua reprodução, são também a condição da sobrevivência da espécie humana, que tem de se metabolizar com o seu meio vegetal e animal. Os homens celebraram naturalmente as forças cósmicas que asseguravam o seu bem-estar sob a forma simbólica do reconhecimento desta interdependência e da sua dívida para com a natureza a este respeito. Contudo, embora todas as sociedades humanas tenham dedicado um culto justificado ao crescimento, apenas o Ocidente moderno, transpondo-o, além disso, abusivamente da natureza para o social, fez dele a sua religião. O produto do capital, resultado de um truque ou de um logro comercial, e, na maior parte das vezes, de uma exploração da força dos trabalhadores, está associado a um rejuvenescimento das plantas. O *organismo* económico, ou seja, a organização da sobrevivência da sociedade, já não em simbiose com a natureza mas na exploração impiedosa, tem de crescer indefinidamente, tal como o seu fetiche, o capital. A reprodução do capital/economia funde em simultâneo a fertilidade e o rejuvenescimento, a taxa de juro e a taxa de crescimento. Esta apoteose da economia/ /capital desemboca no fantasma da imortalidade da sociedade de consumo. Considerando a economia como um organismo, os economistas conceberam-na no modo cartesiano do animal/máquina, como uma mecânica racional e reversível, logo imortal, ao passo que a vida social, não se desenrolando nas esferas etéreas da matemática, obedece não apenas às leis da vida mas ainda às da termodinâmica e, em particular, à lei da entropia. Um crescimento infinito, é, por conseguinte, impossível num planeta finito. Ora, a sociedade de crescimento pode ser definida como uma sociedade dominada por uma economia de crescimento e que tende a deixar-se absorver por ela. O crescimento pelo crescimento torna-se, assim, o principal objetivo da vida, se não o único. Uma tal sociedade, fundada numa tripla ilimitação da produção, do consumo e do lixo, não é sustentável muito simplesmente porque choca com os limites da biosfera.

As consequências desta organização são desastrosas tanto para a agricultura, para o mundo campesino e, naturalmente, para a alimentação, como para a saúde da população. Na agricultura, o efeito negativo é considerável. A destruição do *vernáculo*, ou seja, dos modos de sobrevivência tradicionais, só pode aumentar a fome devido à perda da biodiversidade e à desertificação crescente, geradas pela agricultura produtivista. O vernáculo era a capacidade resiliente da pequena exploração familiar em policultura muito diversificada, permitindo sair-se da melhor maneira de qualquer situação (seca, calor excessivo, inundação) graças a um saber-fazer ancestral, a um conhecimento do meio e das ferramentas simples e conviviais, em ligação com um artesanato e com pequenos estabelecimentos comerciais implantados localmente.[13] Guiada apenas pela preocupação com a rentabilidade, a agricultura produtivista favorece a monocultura, as manipulações genéticas e a existência do ser vivo ao serviço dos interesses dos grandes grupos do agroalimentar e da grande distribuição. A FAO, que depositara grandes esperanças nas revoluções verdes no Terceiro Mundo, ao ponto de manipular as suas estatísticas para fazer crer na eliminação próxima da fome, desencantou-se e reconheceu completamente que apenas a agricultura biológica poderia alimentar a população mundial esperada para o ano de 2050. Nem o crescimento indiano nem o crescimento chinês fizeram desaparecer a fome e a miséria. Se o crescimento brasileiro o fez por um breve período, sob a presidência de Lula, foi em detrimento da natureza, dos recursos naturais e sacrificando as gerações futuras.

Na Índia, a revolução verde permitiu, é certo, fazer crescer a quantidade de cereais produzidos, mas em troca de uma grande destruição do ambiente e de um desenvolvimento das desigualdades. «It wasn't a green revolution, but a greed revolution» («Não foi uma revolução verde, mas uma revolução da avidez»), reconhece um economista indiano, o professor Swaminathan Aiyar, que foi, porém, um dos seus promotores.[14] Os ricos tornaram-se mais ricos, e os pobres transformaram-se em proletários. É também esta a verdade sobre o crescimento chinês apresentado hoje como o milagre das economias *emergentes*.

Objeta-se muitas vezes: «Mas, com o decrescimento, como se conseguiriam alimentar 10 mil milhões de seres humanos?» Para alguém que não é especialista em agronomia, é perigoso afirmar que seria possível com a agricultura biológica (os especialistas honestos ainda debatem esta questão), mas é possível, pelo contrário, afirmar sem ir demasiado longe que seria impossível com o modelo produtivista pela razão muito simples de que demasiados solos serão destruídos e não haverá mais petróleo barato. A dependência da agricultura industrial da energia fóssil é aterradora. Hoje, quando comemos um quilo de carne vermelha, estamos na verdade a consumir seis litros de petróleo (e centenas de milhares de litros de água). Da foice ao garfo, os pesticidas, os adubos químicos, a gasolina dos tratores, os quilómetros percorridos, sem falar da congelação e do micro-ondas, tudo provém direta ou indiretamente do petróleo. As consequências negativas do modelo produtivista são a destruição da vida, o empobrecimento dos solos e, finalmente, a desertificação. Todos os anos, cerca de 16 milhões de hectares são transformados em deserto.

Até agora, foi possível compensar esta perda destruindo o equivalente em floresta tropical e equatorial. Contudo, a este ritmo, dentro de alguns anos, já não haverá florestas para destruir para fazer soja, óleo de palma e biocombustíveis. No domínio das pescas, os resultados da industrialização são ainda mais desastrosos. Tratando-se de uma atividade de pura depredação do meio natural, assiste-se à destruição dos recursos haliêuticos e à pilhagem dos fundos marinhos com redes de uma dimensão desmesurada, sem preocupação com a conservação dos *stocks*. O desperdício é imenso: recusa das espécies não comercializadas, esmagamento dos peixes nos arrastões, os quais, desta forma, perdem uma grande parte da sua qualidade, e destruição dos ecossistemas marinhos. Quanto à piscicultura industrial, contribui para destruir o recurso, pois o peixe é maciçamente alimentado com peixe ou farinha de peixe. Além disso, gera uma poluição dos meios marinhos através da utilização de antibióticos e da libertação de espécies geneticamente modificadas e invasivas. Além disso, ainda, nas zonas tropicais e equatoriais, aumenta a fragilização das barreiras costeiras, tanto dos mangues como do coral. Apontem-se, finalmente, as suas consequências humanas: destruição das profissões artesanais do mar e do saber-fazer associado e utilização de uma mão de obra quase escrava na criação de camarão no Sudeste Asiático, em particular.

O impacto sobre a alimentação do modelo produtivista globalizado é desastroso. Podemos formular a equação: agricultura produtivista + agroindustrial + grande distribuição = alimentos pouco saudáveis/*junk food*. A mundialização transformou, de facto, o regime alimentar dos consumidores crédulos, despreocupados, seduzidos pelo parecer e, finalmente, encantados por comer, fora de época, belíssimos frutos e legumes calibrados, mas frequentemente insípidos e venenosos, vindos por vezes do outro extremo do planeta. Pode falar-se com bastante pertinência, a propósito desta colonização do imaginário alimentar, da *cocacolonização/mcdonaldização* do mundo. Esta evolução é desastrosa no plano sanitário. Havia, para os países do Sul da Europa, por exemplo, uma alimentação mediterrânica, o famoso regime cretense, à base de trigo duro, de legumes (secos e frescos), acompanhados de um pouco de carne ou de peixe e de azeite e fruta. Este regime, considerado particularmente saudável pelos nutricionistas, foi maciçamente abandonado na margem norte da bacia mediterrânica e cada vez mais na margem sul em favor de uma alimentação transnacional, a comida pouco saudável (*junk food/cattivo cibo*), na origem da obesidade, de doenças cardiovasculares e de cancros; esta mudança desastrosa de hábitos alimentares inscreve-se de forma cada vez mais geral na dependência do consumo gerado pela sociedade de crescimento, de que o projeto de decrescimento visa precisamente libertar-nos.

E é aqui que encontramos o Slow Food. Em abril de 1986, um escândalo abalou o mundo vitícola italiano. Vinte e três pessoas morrem por terem consumido vinho industrial cruzado com etanol, vendido nas grandes superfícies. As exportações caem brutalmente em cerca de 37%, penalizando os pequenos produtores honestos. Carlo Petrini, muito ligado à sua terra, os Langhe, no Piemonte, zona produtora do *barolo*, o vinho mais famoso da península, mas que não passava de um mero cronista gastronómico ocasional, conta que foi ao ver na televisão o seu amigo Beppe Colla, então presidente do consórcio de defesa do *barolo/barbaresco*, chorar de vergonha e raiva contida que teve a ideia de lançar um grande movimento em defesa de uma alimentação «boa, saudável e justa», segundo o lema do que deveria tornar-se o Slow Food.[15]

O *agrobusiness* favorece, com efeito, uma verdadeira adulteração dos produtos, como no caso da introdução do *minerai* de carne de cavalo nas lasanhas industriais, que esteve no centro das atenções. Esta manipulação pode ter consequências desastrosas. Com a industrialização da alimentação, os juristas foram, assim, levados a distinguir na *fraude alimentar* a fraude comercial — vender um vinho comum com um rótulo de *grand cru* —, delito considerado como menor, e a fraude sanitária — fazer vinho com etanol —, que pode constituir um crime.[16] Não obstante, a par da fraude, há todo um conjunto de práticas prejudiciais não regulamentadas que alguns alarmistas não param de denunciar e cujos *lobbies* bloqueiam a proibição. Entrando na lógica produtivista, a alimentação encontra-se sujeita às leis do lucro a todo o custo, em detrimento da saúde das populações e do gosto dos *gourmets*.

E é assim que mesmo os produtos alimentares, contudo, bens perecíveis por excelência, são sujeitos a uma certa forma de obsolescência programada. O desenvolvimento do plástico na década de 1970 revolucionou as práticas para embalagens, recipientes, contentores diversos, acarretando uma explosão do descartável com o consentimento tácito ou a adesão entusiasta dos utilizadores. A prática dos depósitos, tão respeitadora dos recursos e com as suas consequências positivas para o ambiente, tornou-se igualmente obsoleta, bem como recipientes de grés, os vasos de terracota, os frascos e as garrafas de vidro que serviam para acondicionar as bebidas, os iogurtes, os doces, a fruta e os legumes de conserva. A prática do contentor descartável acabou por contaminar os recipientes em materiais diferentes: latas de alumínio, embalagens de folha, garrafas de vidro, caixas de madeira, etc. Acima de tudo, esta revolução favoreceu o acondicionamento na grande distribuição, mas tendo como consequência um aumento exponencial do volume das embalagens no lixo. A necessidade de impor um prazo de validade dos produtos assim acondicionados abria caminho para a introdução da obsolescência programada dos bens alimentares.[17]

Com o prazo de validade, com efeito, a prática da previsão de uma duração limitada (*death dating*) migrou da esfera da produção dos equipamentos domésticos para o campo da alimentação. Na Europa, este novo *descartável* desenvolveu-se de forma fulgurante graças às regulamentações de Bruxelas, da PAC, e à explosão das cadeias de grande distribuição. Os dados são impressionantes. Todos os estudos realizados em Itália, França, no Reino Unido e nos outros países europeus convergem. Cerca de 30 a 50% dos produtos alimentares (carne embalada em vácuo, produtos congelados, refeições pré-cozinhadas) são descartados antes da venda pelos centros comerciais ou deitados fora pelos compradores pelo facto de terem passado a data-limite de consumo.

Convém, sem dúvida, distinguir o que é recusado pela distribuição do que é deitado para o lixo pelos consumidores. O desperdício dos consumidores, por vezes avaliado em 30%, por si só, é favorecido pela desvalorização maciça dos produtos alimentares industriais, pela organização do funcionamento da distribuição e da vida nos grandes centros urbanos e, naturalmente, pela publicidade. Vamos ao hiper ou ao supermercado de carro uma vez por semana (por exemplo, ao fim de semana), enchemos o carrinho aproveitando as promoções, guardamos as compras no congelador ou no frigorífico, aquecemos na altura certa no micro-ondas e, periodicamente, apercebemo-nos de que alguns produtos estão estragados e deitamo-los fora, para grande lucro dos produtores e dos distribuidores. «Se uma data-limite de consumo anda muito próxima de outra», assinala Patrick Piro, «é por vezes menos por precaução sanitária do que para manter o ritmo de obsolescência desejado pelo comércio.»[18]

A recusa efetiva dos vendedores, também avaliada em 30%, obedece a uma lógica diferente. Se é vantajosa para o produtor, é evidente que representa um custo para o distribuidor. Este tenta, aliás, livrar-se dele, seja enganando — de vez em quando, alguns abusos denunciados por controladores zelosos ficam no centro das atenções —, seja remetendo o custo para o produtor — é a política das centrais de compras, que impõem cada vez mais descontos por parte dos seus fornecedores e levam, assim, os mais frágeis à falência e por vezes ao suicídio. Algumas tentativas de limitar o esbanjamento e as perdas visam o escoamento dos produtos cujo prazo de validade está a chegar ao fim junto de organismos de solidariedade social (bancos alimentares, etc.), seja a um preço inferior, seja, no pior dos casos, em troca de uma imagem de benfeitor da humanidade. Um colega italiano engenhoso, Andrea Segrè, organizou com sucesso, sob a designação de *last minute market*, uma rede de recuperação de produtos, para utilização imediata seja nos circuitos de beneficência, seja nos circuitos de restaurantes alternativos.[19] Por mais louvável que seja, esta iniciativa não anulou o escândalo dos montes de comida deitados fora, visto que este desperdício é estrutural. Aquilo que é recuperado pelos bancos alimentares em França é insignificante: 87 mil toneladas em mais de 18 milhões de toneladas deitadas fora anualmente.[20] Aqueles que viram o filme do realizador austríaco Erwin Wagenhofer, *We Feed the World* (2007), devem lembrar-se da descarga, em Viena (Áustria), de montanhas de pães não vendidos nos supermercados, a dois dias do fim do prazo de validade. Esta massa diária, avaliada em dois milhões de quilos, seria suficiente, dizem-nos, para alimentar a segunda cidade da Áustria, Graz. Para França, é em 50 mil toneladas por dia em média que se avalia o desperdício alimentar e, a nível mundial, num total de 300 milhões de toneladas de alimentos. Sem contar com os 30% de fruta e legumes não colhidos por não corresponderem às normas das centrais de compra da grande distribuição. De facto, diz-nos Carlo Petrini, 30 a 50% dos alimentos produzidos no mundo nunca chegarão a um estômago humano, ou seja, entre 1,2 e 2 mil milhares de toneladas por ano.[21]

Os efeitos sobre a saúde deste sistema, nunca o diremos vezes suficientes, são trágicos: obesidade, colesterol, diabetes, cancro, stresse... A proximidade dos dois números, os 845 milhões de famintos e os 60 milhões de obesos no mundo, revela todo o absurdo da sociedade de crescimento ao nível da alimentação.

Hipócrates dizia: «Que o teu alimento seja também o teu medicamento!» Esta lição manteve-se na Idade Média com a Escola de Salerno. O famoso *regimen sanitatis salerni* (regra de saúde de Salerno), escrito no século XII, e espalhado por toda a Europa, prescreve ementas de época adaptadas às várias doenças e sobretudo à manutenção de um bom estado de saúde.[22] Apenas a palavra grega *pharmacon*, de onde provém *farmácia*, tem o sentido duplo de medicamento e de veneno. E, hoje, o alimento proveniente da agroindústria, vendido nos supermercados e consumido nos *fast foods*, é mais frequentemente um veneno que um remédio. Com a modernidade, o homem ocidental traiu o pacto de aliança tácita com a Terra-Mãe e com as espécies irmãs vegetais e animais; a depredação, a instrumentalização e a exploração substituíram-se à amizade e à cumplicidade entre a espécie humana e o cosmos. Com o desencanto do ponto referido por Max Weber, perdemos o sentido do sagrado e, portanto, também o da dimensão sacramental da nutrição e dos alimentos. Por conseguinte, a natureza vinga-se e deixa-nos doentes. Para evitar o veneno da alimentação industrial, temos de redescobrir, como sublinha Petrini, o sentido do sagrado da alimentação. Podemos compreendê-lo de forma religiosa com as referências ao sangue e à carne de Cristo para o pão e o vinho da Eucaristia, o veneno simbólico ou o cordeiro pascal, de forma pagã ou animista — o alimento como dádiva da natureza, a Gaia de James Lovelock ou a Pachamama dos Ameríndios, em suma, a Madre Terra —, mas podemos mais simplesmente entendê-lo de forma perfeitamente laica. Poderíamos então adotar como *slogan* sintético da revolução necessária: «Que o teu alimento seja também o teu sacramento!»

As duas iniciativas, diferentes mas de sentido contrário, do movimento Slow Food e do decrescimento revelam-se, assim, complementares. O movimento Slow Food traz um conteúdo concreto, certamente limitado à partida, para a mudança de paradigma e permite uma subversão suave do sistema produtivista. Por seu lado, o decrescimento procura oferecer o contexto teórico rigoroso de uma sociedade radicalmente alternativa. Se, como vimos, o Slow Food permite uma sensibilização das massas de cidadãos sem medida comum com o projeto do decrescimento, o horizonte de sentido da iniciativa da construção de uma sociedade de abundância frugal pode contribuir para dar mais amplitude, coerência e rigor ao projeto do Slow Food, e, sobretudo, evitar (ou pelo menos limitar) as manobras de recuperação e as ameaças de desvio. Os compromissos necessários da ação, quer se trate da guerra contra os OGM ou da luta contra as grandes obras inúteis e impostas, são sempre ameaçados pelo risco de um empenhamento nas forças que trabalham a sociedade globalizada, quer se trate das cadeias da grande distribuição, das empresas farmacêuticas transnacionais ou dos sindicatos corporativistas... Num mundo extraordinariamente complexo, onde o pior pode andar a par do melhor a todos os níveis, a relocalização necessária pode extraviar-se num localismo xenófobo, e a não menos necessária abertura ao mundo pode, mais facilmente ainda, cair nas armadilhas da mundialização ocidentalmente centrada. Carlo Petrino, no seu livro *Cibo e libertà*, oferece-nos um testemunho magnífico da arte de frustrar todas as tentações e todas as armadilhas que temos de evitar, e ao mesmo tempo os motivos para continuar a luta.

5. Decrescimento e obesidade

«A saúde do homem é o reflexo da saúde da Terra.»

HERACLITO[1]

Um economista, mesmo que seja um pouco filósofo, sociólogo, antropólogo e politólogo, não é normalmente impelido a falar de obesidade. Na verdade, esta palavra só muito excecionalmente aparece nos meus livros anteriores. É mencionada apenas três vezes nos primeiros livros sobre o decrescimento; e ainda, no terceiro, de forma quase metafórica, mas, por isso mesmo, bastante «emblemática» daquilo que representa o fenómeno na problemática da crítica da sociedade de crescimento. A obesidade, bem como o stresse e o cancro, tornou-se uma patologia social ligada ao produtivismo e, mais particularmente, à alimentação industrial. Constitui um sintoma dos problemas da sociedade de crescimento tão grave como a poluição, mas raramente associado à crítica ecológica.

A primeira evocação da obesidade, em *O Desafio do Decrescimento*, é bastante anedótica. É citada, entre outras patologias, como um exemplo da *traição da opulência* com base numa citação de Jean-Paul Besset: «A felicidade prometida aos vencedores traduz-se por uma acumulação frenética de consumo com crescimento do stresse, da insónia, das perturbações psicossomáticas e de doenças de todo o tipo (cancros, crises cardíacas, alergias diversas, obesidade, cirroses, diabetes). "À medida que o crescimento evolui"», observa Jean-Paul Besset, «"no conjunto das frentes da sociedade, o mal-estar individual aumenta: estados depressivos, síndromes de cansaço crónico, tentativas de suicídio, problemas psíquicos, atos de demência, internamentos, consumo de antidepressivos, de calmantes, de soporíferos, de antipsicóticos, de estimulantes, dependências de todo o tipo, absentismo no trabalho, na escola, ansiedade, comportamentos de risco..."»[2]

A segunda ocorrência da palavra encontra-se na introdução do *Pequeno Tratado do Decrescimento Sereno*. «Existem duas questões fundamentais neste mundo, diz-nos Woody Allen: "De onde vimos? Para onde vamos? E o que vamos jantar hoje?" Se, para dois terços da Humanidade, a terceira continua a ser a mais importante, para nós, no Norte, os enfartados do consumo excessivo, já não é uma preocupação. Consumimos demasiada carne, demasiada gordura, demasiado açúcar, demasiado sal. Já não somos atormentados pelo excesso de peso. Estamos em risco de diabetes, cirrose, colesterol e obesidade. E ficaríamos de melhor saúde se fizéssemos dieta.» E a obesidade é especificada numa nota: «60% da população nos Estados Unidos, 30% na Europa e 20% das crianças em França», segundo o professor Dominique Belpomme, oncologista iniciador do Apelo de Paris, responsável pela comissão sobre o cancro e autor, em especial, de um livro importante, *Ces maladies engendrées par l'homme*.[3]

A terceira referência à obesidade encontra-se em *Sortir de la société de consommation*, a propósito da crise atual:

«Acima de tudo, o decrescimento *escolhido* não é o decrescimento *vivido*, o projeto de uma sociedade de decrescimento é radicalmente diferente do crescimento negativo. O primeiro é comparável a uma cura de austeridade empreendida voluntariamente para melhorar o seu bem-estar, quando o hiperconsumo surge para nos ameaçar de obesidade. O segundo é o regime forçado que pode levar à morte pela fome.»[4]

Nos dois primeiros casos, a obesidade faz parte dos riscos sanitários gerados pelo crescimento económico; remete essencialmente para a comida pouco saudável (*junk food*). No último caso, a obesidade é considerada o símbolo do consumismo, forma de dependência cada vez maior. Assim, para o «objetor de crescimento», a obesidade é em primeiro lugar a consequência do modelo alimentar da sociedade de consumo, mas inscreve-se de forma mais lata na dependência do consumo gerada pela sociedade de crescimento, de que o projeto do decrescimento visa precisamente libertar-nos.

A comida pouco saudável (*junk food/cattivo cibo*) e a obesidade

A obesidade não é estranha ao conjunto do estilo de vida suscitado pela sociedade de crescimento: diminuição da atividade manual em proveito de uma vida sedentária e passiva no escritório (ou mesmo na fábrica) e diminuição da atividade de caminhar em favor do automóvel e dos transportes motorizados nas deslocações urbanas. Esta redução da atividade física é insuficientemente compensada pelos modos recentes da corrida e do ciclismo e de outros veículos de duas rodas — a que nos apressamos muitas vezes a juntar um motor elétrico... Contudo, a obesidade leva-nos a pôr diretamente em causa a dieta alimentar gerada pela sociedade de consumo, sobretudo, como vimos na sua fase recente de *cocacolonização/mcdonaldização* acelerada por aquilo a que se chama a mundialização. Claro que tudo isto não é propriamente racional e necessário, mas as populações foram manipuladas para se adaptarem às exigências do *agrobusiness* e da grande distribuição: frutos e legumes em estufas, espécies selecionadas ou mesmo geneticamente modificadas, para se conservarem durante mais tempo e serem mais facilmente transportáveis, tendo como consequência uma redução extraordinária da diversidade.

Os alimentos industriais e as bebidas gasosas e açucaradas contribuem, assim, amplamente para a obesidade e a diabetes. Esta situação atinge os países ricos, mas, de forma ainda mais flagrante, os países chamados em desenvolvimento, até ao caso caricatural do Nauru, a ilha do Pacífico que se autodestruiu exportando o seu fosfato em troca de sumos de fruta industriais e grandes cilindradas. Toda a população empanturrada de pipocas e de *Coca-Cola*, bem como de outras bebidas gasosas e açucaradas, dá indefinidamente a volta à ilha em automóvel americano na única autoestrada asfaltada. Passámos, neste caso, tal como em todos os outros, em níveis diferentes, de uma alimentação equilibrada fundada num metabolismo milenar (de que o famoso exemplo cretense ou mediterrânico é exemplo para os países do Sul da Europa) a uma alimentação industrial, demasiado rica em açúcar, em gordura, em sal e em moléculas de síntese. Assim, ilustração entre mil, segundo o estudo de Didier Raoult, responsável pelo Laboratório de Virologia de La Timone, em Marselha, publicado na revista *Nature* de setembro de 2009, os iogurtes pretensamente «saudáveis» *Activia* ou *Actimel* dopados com probióticos, as «bactérias boas ativas e vivas» (segundo a Danone), seriam um dos fatores favoráveis à obesidade. Não é, na verdade, de espantar se pensarmos que são estas mesmas moléculas que são dadas aos animais da criação industrial, porcos e aves, para os fazer engordar.[5] As *fast foods*, cuja saborosa fórmula é fornecida por Yves Cochet, tornaram-se o símbolo deste modelo a proscrever: «Produtores mal pagos + energia barata + custo de transporte reduzido + transformação por proletários estrangeiros + impactos ambientais e de saúde não contabilizados = uma alimentação "moderna" barata para consumidores ocidentais apressados.»[6] Todas estas coisas são combatidas pelos «objetores de crescimento», bem como pelo movimento altermundialista ou pelo Slow Food, mas enfrentam a indiferença de uma parte dos consumidores, com o poder dos *lobbies* do agroalimentar e com o jogo duplo dos poderes públicos. As medidas tomadas perante a amplitude do fenómeno não se encontram à altura do desafio, pois a força das lógicas do modelo produtivista/consumista continua a ser demasiado forte.

A toxicodependência do consumismo

Somos toxicodependentes do crescimento: esta ideia não passa, aliás, de uma metáfora. É polimórfica. À bulimia consumidora dos dependentes dos supermercados e dos grandes armazéns responde o *workaholism*, a dependência do trabalho por parte dos funcionários, alimentada, se for caso disso, pelo consumo excessivo de antidepressivos e mesmo, segundo os inquéritos ingleses, pelo consumo de cocaína para os quadros superiores que querem estar à altura. O hiperconsumo do indivíduo contemporâneo «turboconsumidor» desemboca numa *felicidade* ferida ou paradoxal que não transpira verdadeiramente a alegria de viver.[7] Nunca o indivíduo alcançou semelhante nível de desamparo. Chegou a desenvolver-se uma indústria dos «bens de consolação», enterrando-se neste novo nicho do mercado, para tentar, em vão, remediá-la.[8] Nós, franceses, possuímos, neste campo, um triste recorde, pois já comprávamos, em 2005, 41 milhões de embalagens de antidepressivos.[9] Sem entrar em pormenor nestas «doenças geradas pelo homem», só podemos subscrever o diagnóstico do professor Belpomme: «O crescimento tornou-se o cancro da humanidade.»[10] Um consumo médico e farmacêutico desenfreado nasceu assim, e o orçamento da Segurança Social já não chega para tomar conta de todas as crianças e adultos incapacitados nem para tratar todos os doentes que precisam de recorrer a uma diálise. Na verdade, a política da saúde, na modernidade tardia, só pode ser monstruosa. Alguns espíritos sensatos calculam que, antes de se lançarem em novos desempenhos, teria sido prudente encontrar soluções sociais aceitáveis para estes problemas. Não seria mais razoável escolher a luta contra a poluição, em vez de deixar proliferar os cancros e construir de seguida, com grandes encargos, centros de cuidados de saúde? Pensa-se mesmo que a esperança de vida terá iniciado o seu declínio, contando-se com a tentativa de a prolongar para fazer avançar a idade da reforma. Em todo o caso, é incontestável para a esperança de vida gozar de um bom estado de saúde. Mais uma vez, para lutar contra estas evoluções mortíferas, deparamos com o poder dos *lobbies*. É exemplar o caso Servier, que cruza a criminalidade dos grandes laboratórios com a cumplicidade culpável das instâncias públicas de regulação, com recurso a especialistas extraviados, se não mesmo corrompidos.

A batalha conduzida pelo movimento do decrescimento vai mais longe do que a mera aplicação de problemáticas de balaustrada, que é preciso tentar impor, contudo, numa primeira fase. Os «objetores de crescimento» pretendem atacar as origens do mal, a sociedade de crescimento, e propor um remédio radical, a construção de uma sociedade de sobriedade escolhida, apenas compatível com os limites do planeta. O projeto de decrescimento implica, em especial, uma «desmundialização» sistemática e uma recusa do produtivismo agrícola. São explícitos os pontos três e quatro do programa «político» já mencionado, que visa dar um conteúdo mais operacional para os países desenvolvidos no *horizonte de sentido* da utopia concreta desenhada pelo círculo virtuoso dos 8 R, expostos na terceira parte do *Pequeno Tratado do Decrescimento Sereno*. Preveem, como vimos, *relocalizar as atividades* e *restaurar a agricultura campesina*. A agricultura produtivista guiada apenas pela preocupação com a rentabilização favorece a monocultura, a manipulação genética e a existência do ser vivo ao serviço dos interesses dos grandes grupos do agroalimentar. Resultado: cerca de três quartos da diversidade genética das culturas agrícolas, segundo a FAO, perderam-se durante o século passado. No plano alimentar, tratar-se-á, portanto, de encorajar uma produção o mais local, sazonal, natural e tradicional possível. A luta contra a grande distribuição e a publicidade deverá acompanhar a realização deste objetivo.

A saída do sistema produtivista e trabalhista atual implica a substituição de uma agricultura industrial por uma agricultura campesina, muito mais rica em empregos e mais orientada para mercados de proximidade. As AMAP (Associations pour le Maintien de l'Agriculture Paysanne) permitem, assim, o enraizamento, em zona periurbana, de uma agricultura de proximidade solidária, a instalação de jovens agricultores que escapam às tentações da agroindústria e, por conseguinte, a manutenção, ou mesmo a reconquista, do emprego agrícola. Contudo, esta mudança necessária está longe de ser um dado adquirido. Os interesses em causa são imensos. Os *lobbies* privados podem contar com a cumplicidade dos Estados e muitas vezes dos próprios cientistas, que dependem, para as suas investigações, do financiamento das empresas transnacionais. É de recordar que, sob a pressão dos interesses económicos, muitos alertas lançados pelos cientistas (amianto, aflatoxina, fipronil e imidacloprida, heparina, campos eletromagnéticos, dioxina, perturbadores endócrinos...) foram abafados de seguida pelas agências governamentais — cortando os créditos dos laboratórios envolvidos, ou seja, destituindo das suas funções os cientistas responsáveis (por vezes com a cumplicidade dos sindicatos para «proteger» os empregos). No seu belo livro, cujo título retoma o princípio do juramento de Hipócrates, «Juro exercer a medicina em toda a independência e liberdade», Marco Bobbio, cardiologista-chefe no Hospital de Cuneo, dá muitos exemplos bem documentados destes conflitos de interesses pouco favoráveis à boa saúde das populações...[11]

Assim, a praga crescente a obesidade constitui um dos muitos sintomas das patologias da sociedade de crescimento; mas, pelo facto de ser especialmente visível, a sua análise pode ser, assim, um meio para sensibilizar a opinião para a necessidade de sair da sociedade produtivista/consumista ou pelo menos de lutar por uma alimentação saudável, como preconiza, por seu lado, o movimento Slow Food, o que pode constituir uma etapa na construção de uma sociedade de abundância frugal.

6. A arte de reaproveitar as sobras: o problema dos resíduos[1]

Na década de 1970, embora não me interessando ainda verdadeiramente pelas questões ecológicas, senti-me impelido a trabalhar sobre o problema dos resíduos sólidos, na sequência de um contrato junto do primeiro Ministério do Ambiente.[2] Tratava-se, para mim e para a pequena equipa que eu coordenava na altura na Universidade de Lille, de testar, num caso concreto, a pertinência das nossas hipóteses sobre a importância das representações para aceder ao fundamental da conceção do filósofo Cornelius Castoriadis.[3] Nessa altura, ainda era possível ignorar de boa-fé a importância do desafio ecológico. O primeiro relatório do Clube de Roma, *Fim ao Crescimento*, acabava de sair; a primeira conferência do Programa das Nações Unidas sobre o Ambiente (Estocolmo, 1972) provocara evidentemente uma vaga de interesse considerável sobre a questão. Contudo, a tomada de consciência do problema permanecia ainda muito limitada. Poderíamos, portanto, interessar-nos pelo problema dos resíduos (recolha seletiva, reciclagem) sem nos interrogarmos verdadeiramente sobre a crise ecológica na sua globalidade. Trabalhando sobre a representação dos resíduos sólidos (os lixos domésticos, os refugos industriais), poderíamos pensar inocentemente estar a contribuir para esclarecer os decisores a levar a bom porto uma boa política de gestão do «reverso da produção», sem pôr verdadeiramente em causa o seu «local», a saber, a lógica da sociedade de mercado. Tratava-se então de infletir, no sentido do «bom senso», o comportamento dos atores: consumidores e empresas.

Se fizermos um balanço atual da política do descarte para que esta investigação contribuiu modestamente, podemos dizer que foi simultaneamente um sucesso e um gigantesco fiasco. Sucesso no sentido em que as resistências dos consumidores a um comportamento de *cidadãos* foram ultrapassadas e que a recolha seletiva se desenvolveu um pouco por todo o lado, ao passo que a reciclagem está mais do que nunca na ordem do dia com a voga da economia circular, mesmo que, do lado das empresas, a cooperação só funcione realmente se houver um interesse financeiro. Fracasso porque o mundo se tornou mais do que nunca um gigantesco caixote do lixo que ameaça fazer desaparecer a humanidade sob o efeito de poluições de todo o tipo, cada vez mais monstruosas.

O desperdício desenfreado dos produtos e o seu consumo acelerado implicam o aumento proporcional dos resíduos, com os quais já não se sabe o que fazer. Ora, a redução duradoura do consumo e da produção não se encontra sempre na ordem do dia. O caso dos lixos de Nápoles esteve no centro das atenções, mas todos os países são confrontados com o problema de descargas faraónicas. As incineradoras dispendiosas e, no melhor dos casos, ainda mais poluentes constituem uma solução absurda, visto que destroem os produtos que representam recursos potenciais preciosos e que o seu rendimento energético é muito fraco. O crescimento dos restos de aparelhos eletrónicos e eletrotécnicos constitui um verdadeiro quebra-cabeças. Os telemóveis, deitados para o lixo depois de 18 meses de utilização, em média, os computadores e as impressoras atingidas pela obsolescência e deitadas fora criam montanhas de lixo que contêm um nível elevado de toxinas biológicas permanentes, como o arsénico, o antimónio, o berílio, o cádmio, o chumbo, o níquel e o zinco. Queimar estes resíduos é produzir dioxina, furanos e outros poluentes libertados na atmosfera. Ora, já em 2002, mais de 130 milhões de telemóveis em estado de funcionamento foram deitados fora nos Estados Unidos. E as coisas não estão perto de se inverter, visto que, em breve, ter apenas um telemóvel parecerá tão antiquado à maioria das pessoas como ter um único par de sapatos.[4] Estamos à beira do abismo de uma armazenagem de material eletrónico descartado intransponível e que nenhum programa de deslocação a longo prazo será capaz de resolver. O mundo, a acreditar em Giles Slade, especialista em obsolescência programada, não consegue simplesmente produzir contentores suficientes para permitir aos Estados Unidos continuarem a exportar, ao ritmo atual, simultaneamente material eletrónico e lixo eletrónico.[5] Os mitos gregos de Sísifo ou da jarra das Danaides oferecem-nos belas imagens desta situação. Todos os nossos esforços se encontram anulados pelo aumento constante da produção e, portanto, do lixo — o Banco Mundial prevê mesmo um aumento de 70% do material descartado daqui até 2050 —, e o fardo fica cada vez mais pesado sobre os nossos ombros. Para compreender esta situação paradoxal, é preciso fazer um diagnóstico sobre as causas do mal e não se limitar a analisar ou a tentar tratar apenas os seus sintomas.

Da antropologia do descartável à poluição industrial

Nas nossas pesquisas da década de 1970, tínhamo-nos esforçado por fazer uma antropologia do descartável, analisando a relação de cada cultura com a sujidade, com o puro e o impuro ou com o excesso e o ato de deitar fora, sem ver que na verdade existe uma diferença radical entre as «sobras» das sociedades pré-modernas e a poluição gerada pela economia capitalista e pela sociedade de consumo. No entanto, «existe [...] uma diferença absoluta», notava Jean Baudrillard, aliás, *ecocético*, «entre o desperdício das nossas *sociedades de abundância*, desperdício que é um *dano integrado no sistema* económico, um desperdício funcional, não produtor de valor coletivo, e a prodigalidade destrutiva que se praticou em todas as sociedades ditas de *escassez*, nas suas festas e nos seus sacrifícios, desperdício *por excesso*, onde a destruição dos bens era fonte de valores simbólicos coletivos. Deixar os automóveis antiquados no ferro-velho ou alimentar as locomotivas a café não tem nada de festivo: é uma destruição sistemática, deliberada, para fins estratégicos. [...] Convém distinguir», acrescenta ele, «o desperdício individual ou coletivo como ato simbólico de dispêndio, como ritual de festa e forma exaltada de socialização, da sua caricatura fúnebre e burocrática nas nossas sociedades, onde o consumo esbanjador se tornou uma obrigação quotidiana, uma instituição forçada e muitas vezes inconsciente como o imposto direto, uma participação a frio nas imposições da ordem económica»[6]. Por mais importante que seja a representação que o indivíduo faz do puro e do impuro, do limpo e do sujo, do saudável e do insalubre, do que é necessário e do que é desprezível para explicar o seu comportamento perante bens de consumo e do que deve ser descartado, o funcionamento da sociedade na sua globalidade estruturada pelo imaginário do crescimento económico é mais decisivo para captar a dimensão do problema da poluição. Na década de 1970, ainda se podia, portanto, como Jean Naudrillard (e eu próprio), fazer uma crítica radical da sociedade de consumo e permanecer *ecocético*. Hoje já não é possível; demasiadas vozes se fazem ouvir para que ainda possamos fingir de boa-fé que não sabemos. Depois de *Silent Spring*, de 1962, de Rachel Carson, e dos numerosos estudos produzidos a um ritmo acelerado que se seguiram, tomámos consciência de que a procura indefinida do crescimento é incompatível com os «fundamentais» do planeta.[7] Todos os dias, ou quase, novas constatações esmagadoras, vindas dos horizontes mais diversos, vêm confirmar este diagnóstico de bom senso. Assim, depois da declaração de Wingspread de 1991[8], do Apelo de Paris de 2003[9], do Millennium Assessment Report[10], surgem, de quatro em quatro anos, os relatórios do Painel Intergovernamental sobre Mudanças Climáticas (IPCC — Intergovernmental Panel on Climate Change), cada vez mais documentados e cada vez mais alarmistas, sem falar dos das ONG especializadas (WWF, Greenpeace, Les amis de la Terre, Worldwatch Institute, etc.), dos grupos semissecretos do Pentágono, dos mais confidenciais da Fundação Bilderberg, do relatório de Nicolas Stern no Governo britânico, etc., nem de vozes que constituem mais ou menos autoridades, do presidente Chirac, em Joanesburgo, a Nicolas Hulot, na campanha presidencial de 2007, passando pelo vice-presidente Al Gore e pelo seu filme *Uma Verdade Inconveniente*...

O «catastrofismo esclarecido», que a maior parte destes relatórios testemunha, junta-se às análises do filósofo Jean-Pierre Dupuy. O verdadeiro problema, sublinha ele, é que «não chegamos a dar um peso de realidade suficiente ao futuro e, em particular, ao futuro catastrófico»[11]. «A catástrofe», escreve ele ainda, «tem de terrível o facto de não só não *acreditarmos* que se vá produzir quando temos todos os motivos para *saber* que se vai produzir, como, depois de se produzir, aparecer como denunciadora da ordem natural das coisas. A sua própria realidade torna-a banal. Não era considerada possível antes de ser realizada; e ei-la integrada sem outra forma de processo no "mobiliário ontológico" do mundo, para falar a gíria dos filósofos. [...] É esta metafísica espontânea do tempo das catástrofes que constitui o principal obstáculo à definição de uma prudência adaptada aos tempos atuais. [...] Por outras palavras», conclui, «aquilo que poderá salvar-nos é exatamente o que nos ameaça.»[12] Foi assim que se passou nos órgãos de comunicação social do *negacionismo* da crise ecológica à moda da colapsologia, com paragem numa mudança de sistema tal como é defendida pelo decrescimento. Este, segundo a maior parte dos comentadores, era utópico, inutilmente alarmista e ridículo e não estava na ordem do dia quando apareceu, em 2001. É igualmente utópico 20 anos depois, mas agora é demasiado tarde para pensar nisso, visto que se encontra ultrapassado pelo aluimento em curso. Continua a não estar na ordem do dia. Antes, o desabar possível era uma ilusão, e convinha nada fazer. Agora, já não há nada a fazer...

A invasão do lixo e os limites da reciclagem

Não é, portanto, possível compreender o problema contemporâneo do lixo e considerar uma solução se não se voltar um pouco atrás. O primeiro motivo desta situação liga-se fundamentalmente ao facto de vivermos em sociedades de consumo que são o resultado da sociedade de crescimento, tal como a definimos e analisámos nos capítulos anteriores. Tem como consequência, em particular, a ilimitação na produção do lixo — e, portanto, na emissão dos resíduos e da poluição (do ar, da terra e da água). Fazer crescer indefinidamente a produção e o consumo suscitando novas necessidades até ao infinito não pode, no fim, fazer mais do que aumentar a poluição, os resíduos e a destruição do ecossistema do planeta — aquilo que se evita dizer na televisão ou na rádio *numa hora de grande audiência*. «Toda a atividade dos comerciantes e dos publicitários», observa justamente o economista Bernard Maris, «consiste em criar necessidades num mundo que desaba sob o peso das suas produções. Isto exige uma taxa de rotação e de consumo dos produtos cada vez mais rápida, logo, uma criação de lixo cada vez mais assinalável e uma atividade de tratamento dos resíduos cada vez mais considerável.»[13] É esta a lei de bronze do sistema. Os três ingredientes necessários para que a sociedade de consumo possa continuar a sua ronda diabólica são: a publicidade, o crédito (em especial ao consumo) e a obsolescência programada, que renova a necessidade da mesma. Estas três forças da sociedade de crescimento constituem verdadeiros «impulsos-para-o-crime», no que diz respeito aos ecossistemas, e aceleram a sua destruição. «A publicidade tem de produzir consumidores em cadeia, da mesma forma que as fábricas produzem objetos manufaturados», lemos na revista profissional *Printer's Ink*.[14] Segundo uma sondagem junto dos presidentes das maiores empresas norte-americanas, 90% destes reconhecem que seria impossível vender um produto novo sem uma campanha publicitária.[15] Por seu lado, o uso da moeda e do crédito, necessário para fazer consumir aqueles cujos rendimentos, não são suficientes, e permitir aos empresários investir sem dispor do capital necessário completa o quadro. Mesmo com a crise, o crédito não está morto. O diretor da General Foods declarava aquando de uma crise anterior: «Hoje, o cliente pretende que os seus desejos se realizem *imediatamente*, quer se trate de uma casa, de um carro, de um frigorífico, de um cortador de relva, de uma peça de roupa, de um chapéu ou de uma viagem. Pagará depois com os seus rendimentos futuros.»[16] Com a obsolescência programada, a sociedade de crescimento possui a arma absoluta do consumismo. Podemos resistir à publicidade, recusar contrair um crédito, mas estamos, de modo geral, desarmados face ao fracasso técnico dos produtos. No fim de períodos cada vez mais curtos, os aparelhos e equipamentos, das lâmpadas elétricas aos óculos, que se tornaram próteses indispensáveis do nosso corpo, avariam na sequência da falha desejada de um elemento. É impossível encontrar uma peça de substituição ou alguém que faça a reparação. Fazê-lo sai mais caro do que comprar o produto novo fabricado a preço de saldo nas prisões laborais do Sudeste Asiático. E é assim que montanhas de computadores vão parar junto de televisores, frigoríficos, máquinas de lavar a louça, leitores de DVD e telemóveis aos caixotes do lixo e contentores, todos eles comportando riscos de poluição diferentes: 150 milhões de computadores são transportados todos os anos para aterros do Terceiro Mundo (500 navios por mês para a Nigéria e para o Gana!), em violação da Convenção da Basileia, não respeitando qualquer norma sanitária, apesar de conterem metais pesados e tóxicos (mercúrio, níquel, cádmio, arsénio e chumbo).[17]

No magnífico filme de Cosima Dannoritzer, *Kaufen für die Müllhalde* (*Pronto a Deitar Fora*)[18], vemos a maior lixeira a céu aberto do Gana (acontecendo o mesmo na Nigéria e noutros países de África), com as suas pilhas de computadores fora de uso. Passaram pela alfândega, escondidos nos contentores atrás de alguns computadores em segunda mão cuja exportação é legal. Vemos igualmente crianças, no meio dos detritos, aspirarem os fumos tóxicos das carcaças a arder, para recuperarem alguns pedaços de metal precioso ou de metais raros, como o coltan (columbite-tantalite) ou o tântalo, cuja exploração selvagem dirigida pelas empresas multinacionais contribui para o caos de África.

Conviria, portanto, fazer uma utilização parcimoniosa destes metais raros, bem como de todas as matérias-primas, e recuperá-los sistematicamente. É o objetivo do professor Michael Braungart, químico de renome e teorizador da ecologia industrial, que, neste mesmo filme, defende soluções como estas. Para ele, não se trata tanto de restringir o nosso consumo e de reduzir os resíduos produzidos, como preconizam os «objetores de crescimento», como de inscrever a produção e o consumo num círculo virtuoso à imagem dos ciclos naturais, ou seja, inventar uma *economia circular*. Com efeito, a natureza não produz lixo; recicla tudo. E, contudo, não pratica a frugalidade! É preciso sistematizar a ecoconceção dos produtos, introduzir apenas no processo de fabrico elementos recicláveis, biodegradáveis e não tóxicos. É o triunfo da química verde, do bioplástico feito com fécula de batata, etc. Acima de tudo, os resíduos de uma empresa deveriam poder constituir os «nutrientes» de outra.[19]

Esta iniciativa assenta no estudo do metabolismo industrial dos sistemas socioeconómicos. Permite atribuir às empresas quatro objetivos realizáveis graças à engenharia ecológica: 1) otimização do uso da energia e das matérias-primas (*ecoeficiência* em sentido restrito); 2) minimização das emissões de poluentes e reciclagem dos fluxos que circulam no interior dos sistemas de produção (*coeficiência* alargada); 3) desmaterialização das atividades económicas; 4) redução da dependência face às fontes de energia não renováveis, em especial às energias fósseis, para lutar contra a mudança climática.

O exemplo geralmente proposto é o da zona industrial de Kalundborg, na Dinamarca, que constitui, segundo os adeptos da economia circular, um «ecossistema industrial modelo». À imagem dos decompositores, como os insetos coprofágicos que, nos ecossistemas naturais, se alimentam dos resíduos e dos dejetos das outras espécies, os subprodutos e os resíduos das empresas servem de matéria-prima para a produção de outras empresas.[20] Uma refinaria utiliza o calor dissipado de uma central térmica e revende o enxofre extraído do petróleo a uma fábrica química. Fornece também sulfato de cálcio a um produtor de placas murais, ao passo que o vapor excedentário da central aquece a água de uma sociedade aquícola e as estufas das habitações. O resultado é uma economia de recursos e uma redução importante de resíduos finais. Tudo isto respeitando, naturalmente, e ao máximo, a lei do mercado e sem pôr em causa o crescimento.

Esta *success story* é muito empolgante, e não evitaremos o prazer experimentado diante destes jogos «em que todos saem a ganhar», como dizem os economistas. Contudo, mesmo que estratégias deste tipo possam por vezes ser implementadas espontaneamente pelas empresas, serão generalizáveis? A economia de acumulação fundada na predação, no desperdício consumista e na produção maciça de resíduos irá converter-se em economia circular virtuosa, como fazem acreditar os governos liberais envolvidos na transição ecológica? Existem muitos motivos para duvidar, basta ver os esforços colossais que os *lobbies* fazem para travar todas as regulamentações que vão nesse sentido. Em todo o caso, falar de «mão invisível verde» é certamente muito abusivo. Sem contar com o facto de haver uma coisa que não é nem reciclada nem reciclável, a energia consumida. É porque, e na medida em que, são conduzidas políticas públicas fortes que se podem registar resultados encorajadores no campo da luta contra as poluições. Sem um mínimo de incentivos fiscais ou de outro tipo, as evoluções positivas permanecem mais do que marginais. Por parte do mundo da empresa, a reivindicação de uma atitude autorreguladora para resolver a questão ambiental tem sobretudo com objetivo evitar que lhe sejam impostas limitações, como o prolongamento das durações de garantia ou o respeito por normas, devido à sua responsabilidade na destruição do ecossistema planetário. «As raras "vitórias" alcançadas na frente da crise da vida», sublinha com pertinência Jean-Paul Besset, «foram-no graças a escolhas políticas determinadas, acompanhadas de medidas "coercitivas", do tipo proibição dos CFC (clorofluorcarbonetos) nos aerossóis e na cadeia de frio ou aplicação de normas obrigatórias na indústria para evitar as chuvas ácidas. A degradação da qualidade do ar nos aglomerados europeus só é contida depois de a União Europeia ter definido normas que obrigavam os fabricantes de automóveis a adaptar-se.»[21] Se a responsabilidade social da empresa humanizasse o capitalismo e o tornasse ecocompatível, passados três séculos, saber-se-ia!

Todas as soluções técnicas propostas para revolver os problemas ecológicos continuarão a ser *greenwashing* se não houver uma rutura com o paradigma económico dominante. Semelhante rutura implica em especial uma mudança da nossa atitude face à natureza. «A pedagogia doméstica», observa Piero Bevilacqua de forma muito sensata, «que consiste em considerar os resíduos na sua diversidade e na sua importância, impõe uma visão holística sobre a vida dos produtos e retira do esquecimento e da invisibilidade a sua ligação original com os minerais, a madeira, a terra, os rios e os mares, com os animais e, em suma, com o conjunto vivo da natureza.»[22] O ponto fundamental da *revolução* do decrescimento é precisamente esta *descolonização* do imaginário antropocêntrico e utilitarista. Trata-se de sair do imperialismo da economia dos nossos espíritos, mas também de *reencantar* o mundo. Os «objetores de crescimento» designam os seus votos como uma nova antropocosmologia.[23] Se as coisas não passam de coisas, a sua obsolescência não nos atinge verdadeiramente. Se, como pensam os animistas e os poetas, os objetos inanimados têm uma alma «que se liga à nossa alma e que a obriga a amar», na verdade, acontece exatamente o contrário.[24] Os desafios não se apresentam simplesmente no âmbito de uma ecologia ambiental, mas traduzem, a partir de agora, uma «ecologia do espírito» ou uma «ecosofia» necessárias a uma profunda metamorfose do sistema industrial.

À LAIA DE CONCLUSÃO
Regresso à lição dupla do caracol

Como vimos, o caracol dá-nos duas lições de sabedoria. A primeira, a que vem imediatamente à cabeça, é a da lentidão necessária, e foi por isso que ele se tornou o símbolo do movimento Slow Food. A segunda, mais importante ainda, é a da necessidade, para os organismos vivos (incluindo as sociedades humanas), de estabelecer limites, e é por isso que é o símbolo do crescimento. O divórcio do caracol, depois da construção da quarta espiral da sua casca, em relação à proporção geométrica, com que se tinha, tal como a sociedade moderna, casado durante algum tempo, mostra-nos o caminho para pensar uma sociedade de «decrescimento», se possível serena e convivial, e sugere um alcance muito diferente para a reabilitação da lentidão. Esta torna-se o símbolo da recusa da ilimitação.

O esmagamento do tempo é, com efeito, um aspeto essencial da destruição do mundo concreto criado pelo produtivismo da sociedade de crescimento. Notou-se de forma pertinente (especialmente Lewis Mumford) que a invenção do relógio no Ocidente, no coração da Idade Média, era o ponto de partida para a artificialização do mundo e, portanto, para a sua dessacralização. Este instrumento de *inspeção* do real inaugura a revolução dos Tempos Modernos.

Tornando-se mecânico e reversível, o tempo começa a perder a sua «concretude». Já não se encontra ligado aos ciclos solares e lunares, ao ritmo das estações e das monções, aos adventos e aos eventos. As referências do vivido já não são evocadas pela tarefa (fazer a sementeira, ceifar, colher, podar as árvores de fruto, etc.) nem ritmadas pelas festas religiosas ou profanas, mas por um mecanismo abstrato. O tempo torna-se uma grandeza homogénea que já não tem ligação com o vivido, transformado, também ele, e cada vez mais, num magna inconsistente. Todas as atividades se fundem, a partir de então, no trabalho; todos os valores, no dinheiro. O trabalho, tornando-se cada vez mais abstrato, pode medir-se em quantidade de tempo e torna-se homotético face ao dinheiro. O trabalho, o tempo e o dinheiro são, assim, uma única e mesma substância transacionável sobre a qual o comerciante pode especular. Eliminam-se os dias de descanso, introduz-se o trabalho ao domingo, o ritmo noturno e, naturalmente, a atividade das mulheres e das crianças. Contado e descontado, o tempo torna-se o objeto central da economia. É preciso produzir cada vez mais num determinado momento. É preciso acelerar os ritmos da vida e abreviar as durações (entre as quais a da vida dos objetos). Desviada pela religião do crescimento, a modernidade só pode adaptar-se à velocidade, sinónimo de poder, de ousadia, de progresso, de desempenhos, de proezas, de domínio do tempo e do espaço. A máquina económica planetária, avançando a um ritmo infernal, acelera cada vez mais, realizando um processo irreversível no qual já só os mais aptos a acompanham este ritmo alucinante. O sociólogo e filósofo Hartmut Rosa, herdeiro da Escola de Frankfurt, considerou mesmo «a aceleração» um conceito central da modernidade tardia.[1] A economia do tempo é também a sua *economicização*. À força de pouparmos tempo contabilizando-o até ao nanossegundo para o aproveitar (no sentido literal de tirar proveito dele, mais do que de gozo), perdemo-lo literalmente. Perdemo-lo por tanto o desejarmos ganhar. A rarefação do tempo de viver é rigorosamente proporcional ao alongamento da nossa esperança de vida, reduzida assim a uma sobrevivência aumentada, segundo a expressão de Guy Debord. O facto de se traduzir numa sucessão desenfreada de ocupações, ou de tempos de lazer consumidos, não muda nada: a vida não passa de consumo e de consumação de tempo, de trabalho, de dinheiro. Tendo o homem contemporâneo deixado de viver no tempo, o tempo livre tornou-se um absurdo, algo de insuportável. O presente desaparece numa eternidade virtual. Vivemos, decerto, mais tempo (em média), mas sem nunca termos tido tempo para viver. Perdemos o contacto com o nosso fundo original. O orgânico, o vegetal, o animal são maciçamente substituídos pelo mecânico, pelo eletrónico, pelo virtual e pelo robótico. Sacrificámos o real em proveito do virtual. Este sacrifício que assim atinge o nosso ambiente constitui uma ameaça à sobrevivência da humanidade.

Está em curso a sexta extinção das espécies devida à sobre-exploração dos meios naturais, à poluição, ao fracionamento dos ecossistemas, à invasão de novas espécies predadoras e à mudança climática. Com a aproximação perigosa do tempo do desabamento veio, portanto, o tempo do decrescimento! A sociedade de sobriedade escolhida, que emergirá na sua esteira, implicará outra relação com o tempo. Restaurar uma relação «saudável» com o tempo é muito simplesmente reaprender a habitar o mundo. E, portanto, libertar-se da dependência do trabalho para recuperar a lentidão, redescobrir os sabores da vida ligados à terra, à proximidade e ao próximo. Não seria absurdo reatar com a «deambulação» que Baudelaire celebrava e que Taylor combatia. O desaparecimento dos «tempos mortos» é, na verdade, a morte do tempo. Trata-se menos, em tudo isto, de um regresso a um passado mítico perdido e mais da invenção de uma tradição renovada. A reconquista do tempo «livre» é uma condição necessária da descolonização do imaginário. Vale mais promover o *otium* (o lazer) do povo do que o ópio dos órgãos de comunicação social e do digital. A perspetiva oferecida pelo projeto do decrescimento, em reação contra a realidade mortífera de uma civilização em derrocada, é tudo menos triste. As sociedades que autolimitam a sua capacidade de produção são também sociedades festivas. A gastronomia e a alegria encontram-se na base de uma arte de viver decrescente.

EPÍLOGO
Depois da pandemia[1]

Nada voltará a ser como dantes, repete-se nos órgãos de comunicação social. O mundo do depois alterará igualmente a conceção da vida boa, a gastronomia e a arte de viver dos decrescentes? A preparação final deste livro foi realizada entre confinamento e desconfinamento, enquanto eu, atormentado há vários meses por um vírus pernicioso que não o da covid-19, sofria uma paralisia bastante incapacitante do lado esquerdo da laringe. É difícil dizer em que medida o tom desta obra o traduz. Escrever sobre a felicidade quando estamos a sofrer e sobre a boa cozinha quando somos alimentados por uma sonda gástrica é provavelmente um desafio, quer se seja ou não adepto do decrescimento. Durante este período, pensei muitas vezes em Ivan Illich, o meu *mentor*, que sofria atrozmente de um tumor cerebral e que, porém, dizia sempre que era preciso celebrar o milagre de ainda se estar vivo...

Com o aumento da incidência da pandemia do coronavírus ou da covid-19, comecei, apesar de tudo, a ser assaltado por solicitações de entrevistas, principalmente por parte de jornalistas italianos e franceses, na medida em que o fenómeno sugeria uma interpelação do decrescimento. Para uns, a situação resultante do confinamento corresponderia às previsões dos «objetores de crescimento», ou seja, constituiria um início de realização do seu projeto; para outros, esta crise seria uma oportunidade excecional a aproveitar para sair da mundialização, ou seja, para mudar o sistema. As principais medidas implementadas pelos governos para conter a epidemia parecem ter tido, com efeito, alguns resultados «positivos». As emissões de gases de efeito de estufa diminuíram bastante, em especial na China, onde, tornando-se o ar transparente, os habitantes de Pequim voltaram a ver o azul do céu, poluições de todo o tipo entraram em regressão, foi possível ouvir de novo o canto dos pássaros na cidade, e os golfinhos, ao que parece, regressaram aos canais de Veneza, livre dos *vaporetti* e dos turistas. Além disso, devido à força dos acontecimentos, muitas pessoas aperceberam-se de que podiam sobreviver sem consumir tanto. Fizeram a aprendizagem da frugalidade e deram-se conta de que podiam prescindir de muitas coisas sem viverem necessariamente pior. Não deveremos ver aqui, escreve mesmo um interlocutor, «uma possibilidade de descondicionamento e, portanto, de reaprendizagem, de compaixão pelo outro, de atenção ao ser vivo, de decrescimento forçado e depois adotado»?

Como a temporalidade da reflexão teórica e filosófica não é a dos órgãos de comunicação social, contive-me primeiro nas minhas reações, limitando-me a sublinhar a minha incompetência sobre os aspetos técnicos do problema epidemiológico e a dizer que, na minha opinião, logo que a crise fosse ultrapassada, se regressaria às práticas anteriores, tal como depois da crise de 2008, limitando-se as lições tiradas no melhor dos casos a um repatriamento relativo da produção farmacêutica. Com o tempo e o distanciamento necessário à reflexão, parece-me que esta crise, pela sua especificidade e pela sua dimensão, é em especial fortemente reveladora das patologias da nossa sociedade de crescimento, produtivista e consumista. Em primeiro lugar, convém refletir sobre o paradoxo da natureza «sem precedentes» do acontecimento antes de ver aquilo que ele anuncia, quais serão as suas consequências e que lições podemos eventualmente tirar dele, inclusive sobre a arte de viver em decrescimento.

Sem precedentes?

Os órgãos de comunicação social, que constituem normalmente a sua causa, fazem incansavelmente eco da natureza excecional daquilo que estamos a viver. O que é, então, *sem precedentes*? Certamente não o surgimento de uma pandemia ou mesmo a sua gravidade. Os historiadores recenseiam o aparecimento recorrente de pandemias, desde o Neolítico, pelo menos, entre as quais algumas provocaram uma mortalidade muito mais elevada do que aquela que vivemos, como a peste negra do século XIV, que teria exterminado um terço da população da Europa, ou a gripe espanhola de 1918–1919, que fez várias dezenas de milhões de mortos.[2] Estes atribuem em geral o fenómeno às mudanças nas relações do homem com os meios «selvagens», no que diz respeito à origem dos vírus, e ao desenvolvimento das trocas e das deslocações de populações para a sua propagação. Mais recentemente, alguns chegaram a pôr em evidência ligações com as mudanças climáticas de origem geológica, ou seja, por vezes antrópica, ainda na Antiguidade ou no século XVI, para a América Latina.

O que é *sem precedentes* é, decerto, a dimensão das medidas de confinamento adotadas por um grande número de países e que atingiu mais de três mil milhões de indivíduos e, em menor medida, a velocidade de propagação real e, mais ainda imaginária, do acontecimento. Se o vírus não é mortal na maioria dos casos, o seu contágio muito elevado e os distúrbios que provoca lançaram o caos em estruturas de saúde não preparadas, apesar da previsibilidade do surgimento de patologias deste tipo. A atividade humana encontrou-se como que suspensa em todo o planeta, ou praticamente. E, contudo, até um certo ponto, aqueles que de início sublinhavam a natureza relativamente benigna, se não banal, do assunto não estavam completamente errados. Finalmente, diziam, a realidade é apenas o momento, não é o fim do mundo, como mostram os números das mortes anunciadas. As estatísticas dos mortos e das pessoas atingidas, alardeadas sem distanciamento e sem criação de perspetiva, a todo o momento, pelos órgãos de comunicação social, como as vítimas de uma guerra, contribuíram para criar uma psicose apocalíptica. Lembre-se de que a gripe normal continua a fazer mais de 150 mortos todos os dias em França, durante vários meses, sem falar dos acidentes rodoviários, que causam todos os anos cerca de 1,3 milhões de mortos no mundo, sem que se pense por isso proibir por completo a circulação. Feitas as contas, parecerá talvez que outras pandemias mais ou menos recentes tiveram um impacto real mais importante. O jornalista Daniel Schneidermann, na sua crónica do *Libération* de 23 de março de 2020, observava que a gripe de Hong Kong que causou estragos do verão de 1968 ao inverno de 1969–1970 fez 40 mil mortos em França e um milhão no mundo e passou despercebida. Isto interpela-nos sobre as causas da dimensão mediática e política da pandemia atual.

A saúde a todo o custo

O aumento da importância da recusa da morte que se manifestou no fantasma de guerras com zero mortos aquando das intervenções norte-americanas no Iraque, tal como se revela também nas pesquisas quiméricas dos transumanistas, transparece na cumplicidade implícita entre o poder médico, o poder governamental e a opinião pública. A autoridade do discurso médico e científico amplamente revezado entre os órgãos de comunicação social e plebiscitado pela opinião pública, apesar das contradições e das confusões dos seus comunicadores, transformou-se numa verdadeira força impositiva para os chefes de Estado — as alternâncias de Donald Trump e de Boris Johnson são particularmente reveladoras — e, ao mesmo tempo, serve de precaução contra as derivas ditatoriais de que a Hungria de Orbán ou a Turquia de Erdoğan constituem as ilustrações mais flagrantes. Certas autoridades médicas fazem mesmo promessas a quem enunciar as medidas mais restritivas e repressivas, em detrimento das liberdades.

É absolutamente notável que se tenha regredido da «economia a todo o custo» da sociedade de crescimento normal para «a saúde a todo o custo», ou seja, a vida a qualquer preço, tal como aparece na primeira modernidade, depois das guerras de religião. Por outras palavras, entre os dois polos complementares e antagónicos da modernidade, a «bolsa», bem representada por John Locke, para quem o contrato social visa o enriquecimento num Estado de direito, e a «vida», bem representada por Thomas Hobbes, para quem devemos abdicar de todos os direitos naturais em proveito de um Leviatã tutelar, único garante da sobrevivência e da segurança, o cursor deslocou-se na direção do segundo termo: fugir à morte, seja ela provocada pela violência, pela miséria ou pela doença, e isso seja qual for o preço a pagar em termos de renúncia às liberdades, e mesmo que seja preciso sacrificar um pouco a economia. É de recear que a renúncia em proveito de um Estado tutelar, mais do que bem aceite pelos cidadãos por boas ou menos boas razões, não seja totalmente provisória.

Curar a patologia social

A crise revelou primeiro, e mais uma vez, a extraordinária fragilidade das nossas sociedades. Há muito tempo que os ecologistas mostram que a sociedade de crescimento iria colidir com o muro dos limites ecológicos do planeta. Quanto mais a sociedade de crescimento desenvolve o seu poder técnico, na verdade mais aumenta a sua fragilidade. A erupção de um vulcão islandês, há alguns anos, já o mostrara. Tal como as avarias elétricas gerais e recorrentes, os maremotos e outros cataclismos naturais. Quanto mais a inter-relação e a interdependência dos homens e das nações aumentam sob o efeito das lógicas económicas e técnicas, mais a resiliência diminui. A escassez de produtos farmacêuticos lembrara-no-lo de forma dramática.

Em Itália, tal como em França, em particular, o triunfo das políticas neoliberais e as curas de austeridade desmantelaram amplamente o Estado-providência e os sistemas de saúde construídos depois da Segunda Guerra Mundial, em proveito de um abandono do setor privado e das lógicas de rentabilidade. Resulta daí que tivemos de enfrentar esta pandemia com um pessoal auxiliar de saúde, *stocks* de material de proteção, equipamentos e um número de camas nos hospitais insuficientes e uma escassez de medicamentos essenciais. Há algo de patético na corrida mundial às máscaras de proteção, cujo fabrico não exige nem terras raras nem tecnologia de ponta. Sendo assim, seja qual for o escândalo propriamente criminoso das políticas implementadas e a surdez dos poderes públicos face aos sinais de alarme, não devemos ficar cegos quanto à contraprodutividade da medicina moderna.

Esta, como Ivan Illich analisou, é muitas vezes iatrogénica e constitui um abismo financeiro; gera doenças nosocomiais e a redução das defesas imunitárias sob o efeito do abuso de medicamentos, etc.

A crise do Estado social também tem fundamentos bastante reais que, sem o desculpar, contribuem para explicar a contrarrevolução neoliberal de Margaret Thatcher e Donald Reagan. A verdade é que as despesas de saúde na lógica da medicina de ponta se tornam tendencialmente exponenciais e incontroláveis, sem sequer falar do escândalo dos preços praticados pelos laboratórios farmacêuticos. O orçamento da Segurança Social já não chega para cuidar de todas as crianças e adultos incapacitados nem para tratar todos os doentes que precisam de recorrer à diálise. A saúde para todos neste contexto de sociedade de crescimento (que, além disso, tem um crescimento quase nulo...) torna-se um objetivo cada vez mais difícil de realizar. Seria preciso curar primeiro a patologia social, mais do que os seus efeitos crescentes sobre a saúde dos cidadãos. Seria mais eficaz remediar os efeitos negativos da sociedade de crescimento através de uma rutura radical e não através de uma fuga para a frente no plano técnico. O programa do decrescimento preconiza de forma muito pertinente uma reorientação da investigação científica, em especial no campo médico, e o desenvolvimento de uma medicina suave e ambiental de proximidade, que vão nesse sentido.

O triunfo do virtual

No plano humano e relacional, um dos efeitos mais consternador que nos deveria interpelar é o facto de a sociabilidade elementar e fundamental, o cumprimento através de um aperto de mão ou de dois beijos na cara, ter sido eliminado em favor do triunfo do virtual. No passado, a gestão das pandemias acarretava quarentenas, mas nunca o desaparecimento do encontro real com o outro. A viralidade, não apenas epidémica mas também eletrónica, económica e financeira, terrorista, etc., acelerada pela mundialização, favorece o triunfo do virtual sobre o real, como o observou de modo pertinente, no seu tempo, o sociólogo Jean Baudrillard. Este triunfo do virtual foi consideravelmente reforçado pelo lugar assumido pelo digital na vida confinada. Assim, as objeções justificadas sobre os perigos físicos e psíquicos da exposição prolongada das crianças aos ecrãs foram varridas pela necessidade de manter o ensino escolar, sem falar da de entreter as famílias, amontoadas e enclausuradas em espaços limitados.

Assistimos àquilo a que James Lovelock chamou «a vingança de Gaia». Declarámos guerra à natureza com a modernidade, em vez de viver no seu seio em harmonia com ela. Ela reage para se defender, mas, em vez de fazermos marcha-atrás, lançamos uma nova ofensiva. Esta atitude guerreira (muito pronunciada nos discursos do presidente Macron) é detestável e contraproducente. Não se mata um vírus que faz parte do ser vivo, negoceia-se com ele e gere-se a situação o melhor que se pode. Parece, a acreditar nos especialistas em virologia, que o coronavírus provém dos morcegos, como muitos outros vírus, e que passou para o homem de forma direta (os chineses consomem-no na farmacopeia tradicional) ou indireta, através de outras espécies selvagens igualmente consumidas por eles, como o pangolim. A agricultura produtivista tem a sua quota-parte de responsabilidade nesta questão; participa na guerra contra a natureza e traduz um comportamento de predador, e não o de um bom jardineiro, como na permacultura e mesmo na agricultura tradicional. Contribui para a desflorestação, para formas de criação de gado intensivas sem respeito pelos animais, para o comércio dos animais selvagens, todas elas coisas que favorecem a transposição das barreiras entre as espécies, a mutação dos vírus e, finalmente, a sua passagem do animal ao homem. A gripe das aves, a febre suína, a sida, a SARS são exemplos disso. No caso da pandemia atual, o caso é talvez menos flagrante e, de toda a maneira, menos direto, mas a ligação é provável. Em contrapartida, parece que a saturação do ar em partículas finas tanto em Wuhan como na Lombardia foi um fator agravante, ao passo que a globalização impulsionou uma propagação sem precedentes da infeção.

Uma catástrofe pedagógica? Pandemia e relocalização

Que lições tiraremos desta crise? Nada voltará a ser como antes, repetem-nos à saciedade todas as vozes de autoridade, políticas, intelectuais e mesmo as dos especialistas económicos.

Pede-se apenas que acreditemos nisso, e depois? A razão mandar-nos-ia mudar de caminho, naturalmente. Veremos, assim, instalarem-se os prolegómenos desta sociedade de abundância frugal a que o decrescimento apela para evitar um desabamento irreversível ou mesmo o desaparecimento da humanidade? Claro que, em simultâneo com aquilo que alguns qualificam como *decrescimento forçado*, vemos — mas também o tínhamos visto com o movimento dos coletes amarelos — surgir laços de solidariedade, uma certa criatividade e até novas formas de convivialidade, virtuais por força das circunstâncias... Se a maioria das pessoas em situação de precariedade, presas nas suas residências demasiado pequenas e sem jardim, terraço ou varanda, sofreu terrivelmente com a situação, muitos «objetores de crescimento», não apenas os boémios chiques, viveram o período de confinamento com uma grande serenidade, como uma antecipação de alguns aspetos do projeto de decrescimento. E isso apesar da imensa frustração da perda de contacto físico com os outros, elemento essencial de toda a vida social. No entanto, seria tudo isso suficiente para provocar a rutura necessária? Embora sejam de prever algumas mudanças de pequena escala, terão lugar a desmundialização desejada por alguns e a relocalização anunciada?

A pandemia de covid-19 interpela duplamente o local. Primeiro de forma imediata, devido às medidas de confinamento tomadas um pouco por toda a parte para limitar a sua expansão. De seguida, a mais longo prazo, pondo em evidência os perigos de certas deslocalizações impensadas e suscitando a vontade de limitar a mundialização, ao ponto de alguns terem julgado ver nos acontecimentos um contexto favorável à realização do projeto de decrescimento. No entanto, o primeiro efeito arrisca-se a ser efémero, o segundo, limitado, pelo facto, em particular, de certas dinâmicas da economia global terem todas as hipóteses de sair reforçadas da crise, a menos que seja preciso encorajar um sobressalto das consciências.

A epidemia do coronavírus levou as autoridades, por todo o planeta, a tomarem medidas de confinamento mais ou menos rigorosas e mais ou menos generalizadas. Estas medidas implicaram um recuo no espaço de proximidade tanto para a sobrevivência quotidiana como para a sua implementação administrativa. Por um lado, devido à falência das cadeias transnacionais, foi muitas vezes preciso encontrar soluções locais para os abastecimentos alimentares e mesmo para alguns produtos sanitários (máscaras e álcool-gel). O interesse dos circuitos curtos (AMAP, ou Associações pela Manutenção da Agricultura de Proximidade, em particular) e da manutenção dos estabelecimentos comerciais de proximidade, sem falar das soluções autónomas individuais (jardins-hortas), viu-se reforçado, ao passo que a solidariedade de bairro e a criatividade popular permitiram muitas vezes «aguentar» a situação. Muitas experiências locais provaram, assim, neste contexto, a sua resistência, enquanto setores inteiros da economia mundializada desabariam. Por outro lado, além do regresso das fronteiras e da reafirmação das soberanias nacionais, com a gestão sanitária do confinamento e do desconfinamento a ter de se fazer mais perto do terreno, as autoridades locais foram fortemente solicitadas. É o caso, em especial, em França, dos presidentes de câmara, tão desprezados pelas autoridades centrais na primeira metade do quinquénio do presidente Macron.

De uma forma mais geral, a crise no setor da saúde revelou a extraordinária fragilidade da sociedade mundializada. A escassez de produtos farmacêuticos, na sua maioria importados da China, mostrou em especial, e de forma espetacular, a imprudência de deslocalizações comandadas apenas pela lógica económica. A inter-relação e a interdependência dos homens e das nações levaram a uma perda problemática de autonomia, tendo esta sido sacrificada em favor da especialização excessiva sob o efeito do livre-câmbio erigido em dogma. Os Estados europeus, pretendendo tirar uma lição deste fracasso, declaram-se hoje favoráveis a um repatriamento relativo das produções sensíveis. São, portanto, de prever algumas mudanças; modificações das regras do funcionamento monetário da Europa encontram-se já bastante previstas, mas antes de mais para favorecer o arranque da economia e descobrir o caminho mítico do crescimento; anuncia-se uma certa relocalização das atividades estratégicas para a sobrevivência, nomeadamente no que diz respeito às empresas farmacêuticas. Apesar de as intervenções estatais *ad hoc* violarem os princípios sacrossantos da competitividade e do livre-câmbio e de exigirem uma dose mais ou menos forte de protecionismo inteligente, não são verdadeiramente programadas. Continua por realizar a *metanoia* necessária, o questionamento dos fundamentos das nossas sociedades. O curto-prazismo que domina as políticas dos governos continuará provavelmente a levar a melhor, não estando a renúncia à religião da economia e do crescimento ainda na ordem do dia.

Infelizmente, para dois setores cruciais, a energia e o digital, desta vez a pandemia não pôs em evidência a fragilidade da economia mundializada. No que diz respeito ao primeiro setor, a queda do preço do petróleo, ao contrário das previsões dos colapsólogos, desencorajando o desenvolvimento das energias renováveis, não deixará de facilitar o relançamento da economia, incluindo a do automóvel. Nada tendo sido previsto para a reconversão destas atividades, quando era o momento de dar um conteúdo concreto à transição ecológica que se pretende pôr em curso, arriscamos, portanto, assistir a um novo arranque, mais forte do que nunca, do turismo de massas e dos transportes de mercadorias. Quanto ao digital, cuja recessão não atingiu as empresas-chave transnacionais, simbolizadas pelo acrónimo GAFAM (Google, Apple, Facebook, Amazon e Microsoft), estas são seguramente as grandes beneficiárias da crise. As suas *quotas de mercado* aumentaram consideravelmente, em detrimento da economia real, quer se trate das livrarias em relação à Amazon ou do comércio de bairro e dos mercados locais em proveito das vendas *online* da grande distribuição (como a Walmart), do teletrabalho, das consultas médicas por videoconferência, etc. Tudo isso em detrimento do local.

Um sobressalto necessário

Depois de passado o alerta, arriscamo-nos, portanto, a regressar, como depois da crise económica e financeira de 2008, ao *business as usual* e a permanecer na lógica de competitividade e de concorrência. Mesmo os aspetos ecológicos positivos da pandemia corriam o perigo de ser dissipados. Lembre-se de que, aquando do colapso da ex-URSS, desastre económico e social, as emissões de CO_2 também haviam descido consideravelmente, mas não em resultado da necessidade... No caso da China, observa-se certamente uma redução acentuada das emissões tóxicas, mas as autoridades chinesas já preveem recuperar o ritmo. É, portanto, pouco provável que a pandemia seja suficiente para vencer a inércia de um sistema que combina os interesses dos poderosos e a cumplicidade passiva das suas vítimas. Seria realmente necessário que o choque fosse mais forte. E caso se verifique um colapso da economia mundial? Não é impossível, mas é pouco provável. A partir de agora, os governos retiveram algumas lições. São capazes de intervir nos mercados. Claro que há limites, em caso de interrupção, por exemplo. No entanto, no contexto atual, o sistema ainda é capaz de enfrentar uma recessão, na condição de que esta não se transforme em depressão, pois, nesse momento, nada mais estaria sob controlo. Só um movimento profundo a partir da base poderia provocar uma *reviravolta nas condições*. Existe incontestavelmente o embrião de um movimento semelhante a favor de uma desmundialização/ /relocalização; emergem de forma recorrente as iniciativas locais alternativas de todo o tipo, mas estas teriam de ser protegidas da «raposa à solta no galinheiro», segundo a definição inigualável da concorrência selvagem dada no século XIX pelo amigo de Marx, August Bebel. Um plano ambicioso de reconversão a meio-termo, em especial da agricultura produtivista, do setor do turismo, do automóvel, da aeronáutica e da energia, no espírito de uma verdadeira transição ecológica, deveria reforçar as dinâmicas locais. Além disso, estas não serão bem-sucedidas sem uma descolonização do imaginário de crescimento que o movimento do decrescimento tenta promover e que a relocalização, desencadeando um círculo virtuoso, favorecerá por seu turno. Sem isso, as aspirações legítimas à desmundialização desejada arriscam-se a ser instrumentalizadas pelos empresários do nacional-populismo à moda de Trump, Orbán, Bolsonaro e companhia, que se encontram à espreita.

Militar em favor do abandono da guerra de todos contra todos e de todos contra a natureza que a concorrência transnacional e o livre-câmbio desenfreado representam, na ótica do projeto ecossocialista do decrescimento, permanece então mais necessário do que nunca. Assistiremos em breve ao *Ano 01*, a famosa utopia da década de 1970 criada pelo desenhador Gébé, do *Charlie Hebdo*, de que alguns julgaram ver um princípio de concretização na suspensão de uma grande parte das atividades? Provavelmente ainda não será desta vez, apesar da sua adaptação aos gostos da época por um filme documentário de Pierre Carles.[3] Tal como ele, mantenhamos, porém, viva a nostalgia, para alimentar a esperança da mudança radical necessária, carregada pelo projeto do decrescimento.

Agradecimentos

Agradeço aos meus amigos Pierre Jouventin, Thierry Paquot, Gilbert Rist e Michael Singleton, pela sua leitura atenta de todo ou de parte do texto e pelos seus preciosos comentários, observações e correções, deixando claro que sou o único responsável pelas imperfeições que poderão persistir.

Notas

1. René Char, *Recherche de la base et du sommet*, Paris, Gallimard, 1965, p. 115.

2. Ao atribuir-me o prémio Pelegrino Artusi, inspirado no nome do famoso gastrónomo italiano (1820–1911), autor do mais conhecido tratado da cozinha peninsular, o júri de Forlimpopoli, a sua cidade natal, não se enganou. Compreendeu a ligação entre *La Scienza in cucina e l'Arte di mangiar bene* [A Ciência da Cozinha e a Arte de Bem Comer] e o decrescimento. Este livro, que, ainda em vida do seu autor, conheceu numerosas reedições, permaneceu durante muito tempo como o único livro que os pobres possuíam, no qual gerações de italianos aprenderam a ler. Oferece, com efeito, receitas úteis para todas as classes sociais e participa, sem dúvida involuntariamente, numa arte de viver frugal.

3. Ver Étienne Helmer, *Épicure ou l'économie du bonheur*, Neuvy-en-Champagne, Le Passager clandestin, col. «Les précurseurs de la décroissance», 2013.

4. Maurizio Pallante, *La Décroissance heureuse. La qualité de la vie ne dépend pas du PIB*, Namur, Nature et progrès, 2011.

5. *Beatus* exprime o estado da imaginação daquele que possui aquilo que deseja, ao passo que *felix* exprime o estado do coração disposto a deleitar-se. *Beatitudo*, também traduzido por «felicidade» (Dicionário de De Wailly), é utilizado em francês, na teologia, para designar a felicidade no sentido religioso, em italiano, *beatitudine: godimento interiore*.

6. «Os equivalentes homeomórficos não são meras traduções literais, tal como também não traduzem apenas o papel que a palavra original pretende desempenhar, mas visam uma função equivalente (análoga) ao suposto papel da filosofia. Trata-se, portanto, de um equivalente não conceptual, mas funcional, a saber, uma analogia em terceiro grau. Não se procura a mesma função, mas a função equivalente à que é exercida

pela noção original na cosmovisão correspondente.» (Raimon Panikkar, «Religion, philosophie et culture», *InterCulture,* n.º 135, 1998, p. 104)

7. Tim Jackson, *Prospérité sans croissance*, Bruxelas, De Boeck, 2010.

8. Wolfgang Sachs (dir.), *The Development Dictionary*, Zed Books, 1992.

PRIMEIRA PARTE
O decrescimento e os paradoxos da felicidade

1. Esta parte retoma, desenvolvendo-a, a minha intervenção no colóquio da Universidade de Jena, em maio de 2015, *Les Mésaventures de la vie bonne entre modernité et décroissance: du bonheur au buen vivir*, bem como o terceiro capítulo, «Esprit du don, économie de la félicité et décroissance», do meu livro *Sortir de la société de consommation* (Paris, Les liens qui libèrent, 2010).

1. As vicissitudes da «vida boa»: da beatitude ao bem-ter

1. Saint-Just, aqui citado a partir de um livro de excertos dos seus discursos: «On ne peut pas régner innocemment» [«Não se reina inocentemente.»], Paris, Mille et une nuits, 1996, p. 61.

2. Ver o artigo esclarecedor de Camille Tarot, «Christianisme et inconditionnalité», *Revue du MAUSS*, vol. 1, n.º 7, 1996, pp. 338–365.

3. Por outras palavras: «*Le plaisir est plus rapide que le bonheur, et le bonheur que la félicité*» [«O prazer é mais rápido do que a alegria, e a alegria do que a felicidade»], ver *Encyclopédie*, artigo «Heureux, heureuse, heureusement», citado por Christophe Salaün, *L'Art du bonheur, selon les philosophes* (Paris, Mille et une nuits, 2013, p. 77). Diderot, por seu lado, que redigiu o artigo, «Béatitude, bonheur, félicité», refere: «*Le* bonheur *marque un homme riche de biens de la fortune; la* félicité, *un homme content de ce qu'il a; la* béatitude *nous attend dans une autre vie. La jouissance des biens fait la* félicité; *leur possession le* bonheur; *la* béatitude *réveille une idée d'extase et de ravissement, qu'on n'éprouve ni dans le* bonheur, *ni dans la* félicité *de ce monde.*» [«A *alegria* marca um homem rico com os bens da fortuna; a *felicidade*, um homem contente com o que tem; a *beatitude* chega-nos noutra vida. A fruição dos bens faz a *felicidade*; a sua posse, a *alegria*; a *beatitude* desperta uma ideia de

êxtase e de arrebatamento que não provamos nem na *alegria*, nem na *felicidade* deste mundo.»] (*Ibid.*, p. 49)

4. Gandhi não está enganado: «*la felicità, cioè la prosperità del maggior numero di persone. La felicità significa esclusivamente felicità materiale, cioè prosperità economica*» («a felicidade, ou seja, a prosperidade do maior número. A felicidade significa exclusivamente a felicidade material, ou seja, a prosperidade económica»), *in* Gabriella Maria Calderaro, *Sarvodaya. Un'economia a servizio degli ultimi*, Pisa, Centro Gandhi edizioni, 2016, p. 18.

5. Jacques Ellul, *Pour qui, pour quoi travaillons-nous?*, Paris, La Table ronde, col. «La petite vermillon», 2013, p. 183. Na nossa opinião, é falaciosamente que Ellul acrescenta: «Era um erro: há 2500 anos, a ideia de felicidade era simultaneamente conhecida, e a felicidade conscientemente desejada, almejada.» Ellul permanece preso a uma conceção universalista e trans-histórica da «vida boa», compreende a mudança dos recursos sem perceber que o meio é a mensagem, como diria McLuhan.

6. *Rapport fait au nom de la commission chargée de l'examen des papiers trouvés chez Robespierre et ses complices*, por E. B. Courtois, deputado do departamento de Aube, na sessão do 16 de nivoso, Ano III da República, una e indivisível, Imprimerie nationale, p. 5. «Tínhamos esquecido», precisa o autor do relatório, «que a felicidade pública é constituída apenas por elementos da felicidade individual, e matava-se a felicidade individual para criar a felicidade pública; ou seja, para tornar os homens felizes *em geral*, habituavam-se os mesmos *em particular* a ser infelizes.»

7. Voltaire, *Dictionnaire philosophique*, citado aqui no posfácio de Jean-Claude Michéa, *in* Christopher Lasch e Cornelius Castoriadis, *La Culture de l'égoïsme*, Paris, Climats, p. 69. O texto exato de Voltaire no artigo «Blés» [trigos], do *Dictionnaire philosophique* de 1764, é: «*Vers l'an 1750, la nation rassasiée de vers, de tragédies, de comédies, d'opéras, de romans, d'histoires romanesques, de réflexions morales plus romanesques encore, et de disputes théologiques sur la grâce et sur les convulsions, se mit enfin à raisonner sur les blés.*» [«No ano 1750, a nação, farta de versos, de tragédias, de comédias, de óperas, de romances, de histórias romanescas, de reflexões morais ainda mais romanescas e de disputas teológicas sobre a graça e sobre as convulsões, pôs-se, por fim, a discutir sobre o trigo.»]

8. «Todos os homens foram criados iguais; são dotados pelo Criador de alguns direitos inalienáveis; entre estes direitos encontram-se a vida, a liberdade e a procura da felicidade.»

9. Alain de Benoist, *Contre le libéralisme. La société n'est pas un marché*, Mónaco, Le Rocher, 2019, p. 62.

10. J. G. Herder, *Ideen zur Philosophie der Geschichte der Menschheit* (1784–91), aqui segundo a tradução italiana, *Idee per la filosofia della storia dell'umanità*, Bolonha, Zanichelli, 1971, p. 64.

11. «Nenhuma sociedade», escreve Adam Smith, «pode prosperar e ser feliz quando a maior parte dos seus elementos é pobre e miserável.»

12. Jacques Ellul, *Métamorphose du bourgeois*, Paris, La Table ronde, 1998, p. 93. Para se certificar de que é compreendido, acrescenta: «A felicidade é o valor ideológico do bem-estar. É a sua forma, glória e legitimação. Mas, sem bem-estar, a felicidade não passa, para o homem realista deste tempo, de mentira e escárnio.» (p. 94)

13. Olivier Menéndez, *Happytalisme. Vers une société du bonheur?*, Paris, Libre & Solidaire, 2019, p. 13.

14. Thomas Robert Malthus, *Principes d'économie politique*, Paris, J.-P. Aillaud, 1820, p. 28.

15. Thomas Robert Malthus, *Principes d'économie politique*, Paris, Calmann-Lévy, 1969, p. 13. Note-se que, ao contrário dos economistas que virão depois, está consciente de que a economia e o plano económico só existem devido a uma iniciativa teórica.

16. Jan Tinbergen, *Politique économique et optimum social*, Paris, Economica, 1972.

17. Jean Gadrey, «De la critique de la croissance à l'hypothèse de la décroissance», *Cahiers français*, n.º 323: *Croissance et innovation*, novembro–dezembro de 2004; artigo recuperado em Jean Gadrey e Florence Jany-Catrice, *Les Nouveaux Indicateurs de richesse*, Paris, La Découverte, col. «Repères», 2005.

18. Jean Fourastié, artigo «Niveau de vie», in *Dictionnaire des sciences économiques*, Jean Romeuf (dir.), Paris, PUF, 1958, p. 800.

19. Ao acrescentar «para a maioria», os profetas da modernidade levantam, além disso, um duplo objetivo paradoxal, como foi muitas vezes sublinhado, visto que não se pode maximizar simultaneamente o número e a felicidade. É preciso escolher.

20. Max Weber, *L'Éthique protestante et l'esprit du capitalisme*, Paris, Plon, 1964.

21. Ver, por exemplo, *La Vertu d'égoïsme* (1964), Paris, Les Belles Lettres, 1993.

22. Aqui citado por Charles Robin, *La Gauche du capital. Libéralisme culturel et idéologie du marché*, Paris, Krisis, 2014, p. 34.

23. Note-se que, fora dos parênteses dos Trinta Gloriosos, este famoso *trickle down effect* nunca funcionou realmente. Trata-se de um mito, que constitui, porém, uma peça essencial na ideologia liberal

24. Georges Perec, *Les Choses. Une histoire des années soixante*, Paris, Julliard, 1965; e Jean Baudrillard, *Le Système des objets. La consommation des signes*, Paris, Gallimard, 1968.

25. Em muitas civilizações (talvez em todas), antes do contacto com o Ocidente, a economia como teoria e mesmo como prática estava bastante ausente. Os conceitos de felicidade e de bem-estar, ligados à problemática de um desenvolvimento material e a um enriquecimento individual, estavam completamente ausentes. Na sua iniciativa de colonização do imaginário dos países do Sul, os especialistas em desenvolvimento, missionários da modernidade, procuraram recuperar as imagens de vida boa dos diferentes povos para traduzir nas línguas vernáculas o intraduzível crescimento/desenvolvimento. Em muitas sociedades africanas, a própria palavra *desenvolvimento* não tem equivalente na língua local. Assim, no Zimbabué, em sindebele, «desenvolvimento» diz-se: «assumir o controlo sobre aquilo de que precisamos para trabalhar»; em siwasivaku: «estamos na terra e queremos erguer-nos»; em siyaphambili: «vamos em frente»; em dingimpilo: «procura da vida»; em sivamerzela: «fazemo-lo nós mesmos»; em vusanani: «apoiarmo-nos uns nos outros para nos levantarmos» (Orlando Fals Borda, 1991, citado *in* Gudrun Dahl e Gemtchu Megerssa, «The Spiral of the Ram's Horn: Boran Concepts of Development», *in* Majid Rahnema e Victoria Bawtree, *The Post-Development Reader*, Zed Books, 1997, p. 106). Segundo Gilbert Rist: «Os bubi, da Guiné Equatorial, utilizam um termo que significa simultaneamente crescer e morrer, e os ruandeses constroem o desenvolvimento a partir de um verbo que significa andar, deslocar-se, sem que se inclua qualquer direcionalidade especial nesta noção. [...] Esta lacuna», continua, «não tem nada de espantoso; indica apenas que outras sociedades não consideram que a sua reprodução dependa de uma acumulação constante de saberes e de bens destinados a tornarem o futuro melhor do que o passado» (Gilbert Rist, «Processus culturels et développement», 4.ª conferência geral da EADI, Madrid, 1984, p. 6). Assim, em uolofe, procurou-se encontrar o equivalente de desenvolvimento numa palavra que significa «a voz do chefe». Os habitantes dos Camarões, cuja língua é o eton, são ainda mais explícitos. Falam do «sonho do branco». «A figura do desenvolvimento não tem equivalente em moore e traduz-se da melhor forma através da frase: "lutamos para que na terra [na aldeia] as

coisas funcionem para o corpo [para mim]".» (Pierre Joseph Laurent, *Le Don comme ruse. Anthropologie de la coopération au développement chez les Mossi du Burkina Faso: la fédération Wend-Yam*, tese, abril de 1996, Lovaina, p. 228, publicada com o mesmo título, Karthala, 1998) O ponto mais alto é sem dúvida alcançado com o quéchua. Ter-se-ia tentado, segundo Gilbert Rist, transmitir a ideia de desenvolvimento através da expressão «trabalhar bonito para o próximo nascer do sol»...

2. Da crítica aos indicadores de riqueza à redescoberta do *buen vivir*

1. Jean Gadrey e Florence Jany-Catrice, *Les Nouveaux Indicateurs de richesse*, *op. cit.*, p. 17.

2. *Ibid.*, p. 18.

3. Citado por Derek Rasmussen, «Valeurs monétisées et valeurs non monétisables (The Priced Versus the Priceless)», *InterCulture*, n.° 147, outubro de 2004.

4. Jacques Ellul, *Ellul par lui-même. Entretiens avec Willem H. Vanderburg*, Paris, La Table ronde, 2008, p. 72.

5. Arnaud Berthoud, *Une philosophie de la consommation. Agent économique et sujet moral*, Villeneuve-d'Ascq, Presses universitaires du Septentrion, 2005, p. 38.

6. Jean Baudrillard, *Entretiens*, Paris, PUF, 2019, p. 84.

7. Fórmula do indicador: consumo comercial dos trabalhos domésticos + serviços do trabalho doméstico + despesas públicas não de defesa – despesas privadas de defesa + custos das degradações do ambiente – desvalorização do capital natural + formação de capital produtivo.

8. Assim, «Le Japon va mieux, les Japonais moins bien» [«O Japão vai bem; os japoneses, menos bem»], já fazia capa no *Le Monde Économie* de 18 de novembro de 2003.

9. Robert E. Lane, *The Loss of Happiness in Market Democracies*, New Haven, Yale University Press, 2000. Ver também Jean-Claude Michéa, *Orwell éducateur*, Paris, Climats, 2003, p. 162.

10. www.happyplanetindex.org. Ver também Alessandra Retico, «*Felicità. I nuovi paradisi non. conoscono il PIL*», *La Repubblica* de 8 de julho de 2009. Em boa verdade, a reviravolta não é total, visto que a Rússia, a Estónia, a República do Congo, o Zimbabué e a maior parte dos países da África Subsariana se encontram nos últimos.

11. Romain Huret, *L'Amérique pauvre*, Paris, Thierry Magnier, 2010, p. 64.

12. Ver Joseph Stiglitz, *Le Prix de l'inégalité*, Paris, Les liens qui libèrent, 2012; e os livros de Thomas Piketty.

13. Jean Baudrillard, *La Société de consommation*, Paris, Denoël, 1970, p. 42.

14. Patrick Viveret, *Reconsidérer la richesse*, La Tour-d'Aigues, L'Aube, 2003.

15. Ver, por exemplo, *La Blessure de la rencontre. L'économie au risque de la relation*, Bruyères-le-Châtel, Nouvelle Cité, 2014.

16. Stefano Bartolini, *Manifeste pour le bonheur. Comment passer d'une société de l'avoir à une société du bien-être* (2010), Paris, Les liens qui libèrent, 2012.

17. Transformadas em linguagem científica graças a testes experimentais, chegaram mesmo a valer um prémio Nobel (2004) de Economia a Daniel Kahneman. Pondo em evidência um *treadmill effect* (efeito de tapete rolante), este último mostrava que o aumento de rendimento exigia a procura constante de novos consumos para manter o nível de satisfação. Bernard Van Praag, nos Países Baixos, Richard Layard, no Reino Unido, na qualidade de economistas da felicidade, vão, na mesma linha, analisar os efeitos de adaptação e os limiares de saciedade.

18. *«Il benessere della persona è fatto coincidere con il soddisfacimento di bisogni di tipo materiale, un'identificazione contestata dalle neuroscienze, propense piuttosto a esaltare i beni relazionali e l'armonia interiore, elementi che hanno a che fare con la bellezza, la gratuità, la generosità, la creatività, il saper dare senso alla vita e non con il possesso o il consumo.»* [«Fazer coincidir o bem-estar da pessoa com a satisfação das necessidades materiais é uma identificação contestada pelas neurociências, que são mais propensas a dar importância aos bens relacionais e à harmonia interior, o que tem que ver com a beleza, a gratuidade, a generosidade, a criatividade, com o facto de saber dar sentido à vida, do que com a posse ou o consumo.»] (Fausto Gusmeroli, *Ridiventare primitivi. La saggezza antica ci puo' aiutare a salvare la terra*, Roma, Aracne, 2018, p. 59)

19. Luigino Bruni, *La Ferita dell'altro. Economia e relazioni umane*, Trente, Il Margine, 2007, p. 42.

20. Jacques Ellul, *Métamorphose du bourgeois*, *op. cit.*, p. 93.

21. Philippe d'Irribarne, *La Politique du bonheur*, Paris, Seuil, 1973. Os italianos falam mais de *felicità*. E, paradoxalmente, os anglo-saxónicos

também. No entanto, a *happiness* é concebida como um *subjective well-being* (Lane), ao passo que o *bonheur*, em francês, implica ultrapassar o individualismo que põe em causa o paradigma da economia.

22. «Estou de facto convencido de que não existe *bonheur/félicité*», escreve Luigino Bruni, «sem uma certa forma de pobreza (entendida como libertação por si própria das mercadorias, do poder...) livremente escolhida: esta pobreza é uma das feridas a que está ligada uma bênção.» (*La ferita dell'altro. Economia e relazioni umane*, *op. cit.*, p. 179) No entanto, esta autolimitação, para ter algum impacto, não deve ser apenas uma escolha individual, tem de ser um projeto coletivo.

23. «Não estamos, pela nossa parte», escrevem Jean Gadrey e Florence Jany-Catrice, «entusiasmados com a ideia de que, para se fazer ouvir quando se defende uma visão não estritamente económica da riqueza e do progresso, seja necessário passar pela valorização económica de todas as variáveis não económicas. Podemos ver aqui uma contradição nos termos, que assinalaria a vitória definitiva da economia como valor supremo e como única justificação credível das ações em favor da justiça, da ligação social ou do ambiente. Justificar o voluntariado, ou seja, a doação, e o seu contributo social para um valor monetário, isto é, quer o queiramos ou não, através de uma referência ao mercado constitui uma incrível confissão de impotência que faz prevalecer outros valores além dos da economia comercial.» (Jean Gadrey e Florence Jany-Catrice, *Les Nouveaux Indicateurs de richesse*, *op. cit.*, p. 49)

24. «Digamo-lo mais claramente ainda: o preço a pagar pela liberdade é a destruição do plano económico como valor central e, com efeito, único. Seria um preço assim tão elevado? Para mim, claro que não: prefiro sem dúvida ter um amigo novo a um carro novo. Preferência subjetiva, sem dúvida. Mas "objetivamente"? Deixo deliberadamente aos filósofos políticos a tarefa de "fundar" o (pseudo)consumo como valor supremo.» (Cornelius Castoriadis, *Démocratie et relativisme. Débat avec le MAUSS*, Paris, Mille et une nuits, 2010)

25. Cimade, «Quand l'Afrique posera ses conditions», dossiê para um debate n.º 67, setembro de 1996, Fondation pour le progrès de l'homme, p. 43. Este «estar-bem-juntos» é ilustrado pela colocação do telhado em forma de chapéu chinês, pelo conjunto dos aldeões, sobre o cubo feito de adobe de uma nova cubata, imagem que traduz a harmonia no seio da comunidade no seu local de residência.

26. Citado por Françoise Morin, «Les droits de la Terre-Mère et le bien vivre, ou les apports des peuples autochtones face à la détérioration

de la planète», *Revue du MAUSS*, n.º 42: *Que donne la nature? L'écologie par le don*, segundo semestre de 2013, pp. 321–328. Ver também G. De Marzo, *Buen vivir. Per una nuova democrazia della terra*, Roma, Ediesse 2009.

27. *Ibid.*, p. 230.

28. *Ibid.*, p. 231. Finalmente, acrescenta: «Encontramos esta ideia de "bem viver" noutros povos autóctones, como os guarani, na Bolívia, com a sua expressão *ñande reko*; mas também entre os mapuche do Chile, que falam de *künme mongen*; entre os shuar, no Equador, com o conceito de *shiir waras*, que descreve uma vida harmoniosa que inclui um estado de equilíbrio com a natureza; entre os shipibo konibo, no Peru, com a noção de *jakona shati*, sinal de convivialidade e de partilha com os outros; entre os ashaninka, do rio Ene (Peru), com a expressão *kametsa asaike*, que simboliza um processo de relação que une as pessoas entre si e com o meio natural. Na América do Norte, encontramos igualmente, entre um certo número de grupos ameríndios, esta noção de "bem viver", nomeadamente entre os cree.» (*Ibid.*, p. 232)

29. Sabemos, por conseguinte, que as promessas foram traídas, mas isso parece infelizmente o destino de quase todas as revoluções. Contudo, a contestação da ocidentalização/economicização permanece viva.

30. «Nas sociedades tradicionais, [...] estruturalmente, a economia não existe», Marshall Sahlins, *Âge de pierre, âge d'abondance. L'économie des sociétés primitives* (1972), Paris, Gallimard, 1976, p. 118. «Não há nada que se assemelhe a uma economia na realidade exterior», precisa Louis Dumont, «até ao momento em que construímos esse objeto.» (Louis Dumont, *Homo aequalis*, Paris, Gallimard, 1977, p. 33)

31. Jean Baudrillard, *La Société de consommation*, *op. cit.*, pp. 83–7.

32. *Revue de l'Internationale situationniste*, n.º 5, 1960, p. 7–8.

33. Ivan Illich, *Le Chômage créateur*, Paris, Seuil, 1977, pp. 87–8.

34. «A escolha», observa sensatamente Jacques Ellul, «[...] reside entre uma austeridade sofrida, não igualitária, imposta por circunstâncias desfavoráveis, e uma frugalidade comum, geral, voluntária e organizada, provindo da escolha de uma maior liberdade e de um menor consumo de bens materiais. Isto estaria ligado a um consumo alargado de bens de base [...] uma *abundância* frugal, correspondente à austeridade revolucionária defendida pelo Partido Comunista Italiano.» (*Pour qui, pour quoi travaillons-nous?*, *op. cit.*, p. 213) Esta ideia de *abundância frugal* proviria, portanto, através de Jean-Baptiste de Foucauld e de Jacques Ellul, da austeridade revolucionária preconizada por Enrico Berlinguer, secretário

do Partido Comunista Italiano, que, em 1977, tentou sem sucesso direcionar o partido para essa via. Ver Giulio Marcon, *Berlinguer. L'austerità giusta*, Milão, Jacabook, 2014. «Se tivermos de arriscar um conceito para definir este reequilíbrio dos nossos valores e dos nossos comportamentos em torno de uma utilização mais permissiva do tempo», escreve J.-B. de Foucauld, porta-voz do grupo de reflexão social-democrata Échange et Projets, que tenta promover o tempo escolhido, «o de abundância frugal seria o mais expressivo, versão francesa, ecológica, da *austeridade revolucionária* defendida pelo Partido Comunista Italiano como resposta à crise.» (Jean-Baptiste de Foucauld, *La Révolution du temps choisi*, Paris, Albin Michel, 1980, p. 106) «Trata-se», precisa ainda, «de encontrar um equilíbrio novo entre o estoicismo, que funda e torna possível o esforço, e o epicurismo, que constitui a sua recompensa. [...] O estoicismo que visava a comunhão com o mundo e Epicuro era frugal.» (*Ibid.*, p. 107) Também para ele, a abundância frugal seria uma espécie de regresso à sociedade de abundância do Paleolítico de Marshall Sahlins, ainda assim revista através do prisma económico: «Note-se, aliás», precisa ele, «que o trabalho em tempo limitado não é uma ideia tão nova como isso: as sociedades primitivas ou pré-industriais praticavam-no e ainda o praticam muito bem: e não é certo que seja sempre preciso falar, no seu caso, de subemprego, mas antes de uma forma de equilíbrio económico e social, fundada numa limitação voluntária das produções não indispensáveis. O desenvolvimento do trabalho em tempo escolhido seria, portanto, neste contexto, uma espécie de revolução, no sentido em que os astros regressam à sua origem» (*Ibid.*, p. 185).

35. Ver sobre esta questão o belo livro de Luigino Bruni, *L'Ethos del mercato. Un'introduzione ai fondamenti antropologici e relazionali dell'economia*, Milão, Mondadori, 2010.

36. Aqui, citado por Philippe Chanial, in *La Délicate essence du socialisme. L'association, l'individu et la République*, Paris, Le bord de l'eau, 2009, p. 35.

37. Maurizio Pallante, *La Décroissance heureuse*, *op. cit.*

38. Judith Butler, *Qu'est-ce que la vie bonne?* (2014), Paris, Rivages, col. «Petite Bibliothèque», 2020.

39. Françoise d'Eaubonne, *Écologie, féminisme. Révolution ou mutation?*, Paris, Éditions A.T.P., 1978, p. 72. Ver também Caroline Goldblum, *Françoise d'Eaubonne et l'écoféminisme*, Paris, Le passager clandestin, 2019.

40. Jean Giono, *Que ma joie demeure*, Paris, Grasset, 1935. O título francês do coro de Bach resulta de um feliz contrassenso na tradução do alemão, que se encontra no indicativo e não no imperativo (lit.: «É em Jesus que reside a minha alegria.»).

SEGUNDA PARTE
Gastronomia, alimentação pouco saudável e decrescimento

1. Ver Serge Latouche, *O Desafio do Decrescimento*, em especial os capítulos VI a XI, e *Pequeno Tratado do Decrescimento Sereno*, os capítulos II e III.

3. O decrescimento e as suas implicações alimentares

1. Poderíamos continuar a lista dos R com os conceitos de radicalizar, reconverter, redefinir, redimensionar, remodelar, repensar, etc., mas todos eles estão mais ou menos incluídos nos oito primeiros. Quanto aos países do Sul, que não conheceram os efeitos positivos do crescimento, a questão é alvo de desenvolvimentos específicos nas obras citadas.

2. Ver o magnífico ensaio de Majid Rahnema, *Quand la misère chasse la pauvreté*, Arles, Actes Sud, 2004. Quanto a Illich, opunha a pobreza modernizada à pobreza/sobriedade das sociedades tradicionais.

3. Yona Friedman, *L'Architecture de survie. Où s'invente aujourd'hui le monde de demain*, Paris, Casterman, 1978, p. 89.

4. *Ibid.*, p. 89.

5. Guy Jacques, *Virer de bord. Plaidoyer pour l'homme et la planète*, Paris, L'Harmattan, 2011, p. 111.

6. «Pour une société de décroissance», *Le Monde diplomatique* de novembro de 2003.

7. Entrevista com Gilles Rotillon, *in* «L'économie de l'environnement définit un espace de négociation rationnel», *Cosmopolitique*, n.º 13, 2006, p. 91.

8. Fabrice Nicolino e François Veillerette, *Pesticides, le scandale français*, Paris, Fayard, 2007.

9. Claude Thélot e Olivier Marchand, *Le Travail en France, 1800–2000*, Paris, Nathan, 1997.

10. Bernard Maris, *Antimanuel d'économie*, Vol. II: *Les cigales*, Paris, Bréal, 2006, p. 182.

11. François Flahaut, *Le Paradoxe de Robinson. Capitalisme et société*, Paris, Mille et une nuits, 2005, p. 151.

12. Jean-Paul Besset, *Comment ne plus être progressiste... sans devenir réactionnaire*, *op. cit.*, p. 254.

13. Associação que reúne mais de uma centena de especialistas e técnicos que estudam a possibilidade de reduzir em quatro vezes as emissões de gases de efeito de estufa até 2050, em França, combinando sobriedade energética (reduzir o desperdício) e eficiência energética (melhorar os rendimentos).

14. Nicolas Hulot, *Pour un pacte écologique*, Paris, Calmann-Lévy, 2006, p. 254. Pela sua parte, os Verdes, no seu programa de 2007, propõem-se proibir a publicidade nos canais televisivos públicos (Pascal Canfin, *L'économie verte expliquée à ceux qui n'y croient pas*, Paris, Les Petits Matins, 2006, p. 112).

15. Este último ponto tem que ver com uma preocupação de Castoriadis: «Como definir o limite? Pela primeira vez numa sociedade não religiosa, temos de enfrentar a seguinte questão: será preciso controlar a expansão do próprio saber? E como o fazer sem desembocar numa ditadura sobre os espíritos? Penso que podemos levantar alguns princípios simples: 1) Não queremos uma expansão ilimitada e irrefletida da produção, queremos uma economia que seja um meio e não o fim da vida humana; 2) Queremos uma expansão livre do saber, mas... [com] *phronésis*.» (Cornelius Castoriadis, *L'Écologie contre les marchands*, in *Une société à la dérive*, Paris, Seuil, 2005, p. 238)

16. «É imperativo estabelecer com toda a urgência uma moratória para a construção de novas incineradoras e para a concessão de autorizações de coincineração», *Mémorandum de l'appel de Paris*, citado por Dominique Belpomme, *Avant qu'il ne soit trop tard*, Paris, Fayard, 2007, p. 257.

17. É aquilo a que se chama o efeito de alavanca: com cem dólares, por exemplo, um especulador pode, junto de um banco de investimento, obter mil dólares, os quais permitem tomar posição no mercado dos derivados (futuros) por 375 mil dólares, com todas as consequências predadoras possíveis para a riqueza social.

18. Ver Bernard Lietaer e Margrit Kennedy, *Monnaies régionales. De nouvelles voies vers une prospérité durable*, Paris, Éditions, Charles Léopold Mayer, 2008.

4. O decrescimento e o Slow Food

1. Este capítulo retoma, de modo geral, o nosso prefácio ao livro de Carlo Petrini, *Libérez le goût. Liberté et gastronomie*, Paris, Libre et solidaire, 2015.

2. Jean Anthelme Brillat-Savarin, *Physiologie du goût ou méditations de gastronomie transcendante*, méditation III: *De la gastronomie*, § 18, Paris, Jean de Bonnot, 1968, p. 57.

3. «Militants de la gastronomie», in *Le Monde diplomatique*, julho de 2006. Na verdade, a fórmula seria do poeta Wendell Berry, e Carlo Petrini acrescenta-lhe que «cultivar é um ato gastronómico», enquanto a sua colaboradora, Cinzia Scaffidi, completa, afirmando: «ir às compras é um ato político». Ver Cinzia Scaffidi, *Mangia come parli*, Bra, Slow Food Editore, 2014, p. 58.

4. *Cibo et libertà*, *op. cit.*, p. 161.

5. *Ibid.*, p. 178.

6. É notável que o biofísico Christophe Lavelle, comissário da exposição *Je mange donc je suis*, no Musée de l'homme (2019–2020), sem se referir ao Slow Food, utiliza uma fórmula semelhante para definir a alimentação ideal: «A alimentação ideal deve proporcionar prazer, ser boa para a saúde, para o ambiente, permitir aos agricultores alimentarem-se, respeitar o bem-estar...» (*Libération* de quinta-feira, 7 de novembro de 2019)

7. Ivan Illich, *Le Genre vernaculaire*, in *Œuvres complètes*, vol. 2, Paris, Fayard, 2005, p. 292.

8. O caracol (palavra também usada em espanhol) tornou-se, assim, um dos símbolos do movimento neozapatista. O tempo dos antigos maias é simbolizado por um velho a sair de uma casca de caracol, ou seja, de uma espiral. O caracol, para as culturas mesoamericanas pré-colombianas, não é de todo o *escargot* francês. Refere-se a um molusco de água doce ou a uma grande concha do mar. Esta concha do caracol de Chiapas, muito maior do que o *escargot* francês, portanto, era tradicionalmente utilizada como instrumento acústico pelos índios, em especial para convocar as assembleias comunitárias. Naturalmente, os *caracoles* acabaram por designar as conscrições autónomas (biorregiões) da zona libertada (cinco até 2018 e doze desde então). Seria, além disso, para os antigos, segundo Jérôme Baschet, a forma do coração, «de modo a permitir entrar no coração ou sair do coração para ir para o mundo». «Preserva a sua interioridade abrindo-se ao mesmo tempo para o exterior; abre-se

ao outro ao mesmo tempo que regressa a si mesmo. É este simbolismo de interação fecunda entre o interior e o exterior que é invocado para fazer compreender a principal missão atribuída aos *Caracoles.*» (Jérôme Baschet, *La Rébellion zapatiste*, Paris, Flammarion, col. «Champs», 2005, p. 283) Embora os motivos da escolha do caracol como símbolo sejam diferentes para o movimento do decrescimento, para o movimento Slow Food e para os neozapatistas, a proximidade dos três é feliz. Não nos desagrada ver aqui um símbolo da convergência dos caminhos e das lutas.

9. Carlo Petrini, «Militants de la gastronomie», *Le Monde diplomatique*, julho de 2006.

10. O conjunto é exposto na terceira parte do *Pequeno Tratado do Decrescimento Sereno* (Paris, Mille et une nuits, 2007 [Trad. port., Lisboa, Edições 70, 2011).

11. Cinzia Scaffidi, *Mangia come parli*, *op. cit.*, p. 102.

12. Fabrice Nicolino, *Bidoche. L'industrie de la viande menace le monde*, Paris, Les liens qui libèrent, 2009. Segundo Guy Jacques, «são necessários seis metros quadrados de solo para produzir um vegetal, cinquenta e três para um frango e duzentos e sessenta e seis para uma vaca» (*L'homme cet animal réussi*, Société des écrivains, 2019, p. 39).

13. A extraordinária resiliência da pequena exploração campesina foi bem analisada pelo agrónomo russo Alexandre Chayanov, que Estaline mandou assassinar. Ver Renaud Garcia, *Alexandre Chayanov, pour un socialisme paysan*, Paris, Le Passager clandestin, col. «Les précurseurs de la décroissance», 2017.

14. Citado por François de Ravignan, *La Faim, pourquoi?*, Paris, La Découverte, 2009, p. 111.

15. «*Buono, sano e giusto/good, clean and fair*», ver Carlo Petrini, *Libérez le goût*, *op. cit.*

16. Ver Cinzia Scaffidi, *Mangia come parli*, *op. cit.*, p. 87.

17. Serge Latouche, «Le revers de la production», *Traverses*, n.º 12, outubro de 1978.

18. Patrick Piro, «Gaspillage alimentaire, l'ampleur du scandale», *Politis*, 12 de julho de 2012.

19. Andrea Segrè, *Last Minute Market. La banalità del bene e altre storie contro lo spreco*, Bolonha, Pendragon, 2010. Ver também: André Segré e Luca Falasconi, *Il libro nero dello spreco in Italia: il cibo*, Milão, Ambiente, 2011, e *Il libro blu dello spreco in Italia: l'acqua*, Milão, Ambiente, 2012.

20. Patrick Piro, «Gaspillage alimentaire...», art. citado.
21. Carlo Petrini, *Cibo e libertà*, *op. cit.*, p. 66.
22. Escrito em versos latinos, foi traduzido em verso no século XVI para o inglês por um poeta isabelino, *sir* John Harington. O fac-símile desta edição bilingue foi publicado pelo Gabinete do Turismo de Salerno em 2006.

5. Decrescimento e obesidade

1. Heraclito, *Fragments*, § 141, Paris, Flammarion, col. «GF», 2018.
2. Serge Latouche, *Le Pari*, *op. cit.*, p. 63; e Jean-Paul Besset, *Comment ne plus être progressiste... sans devenir réactionnaire*, Paris, Fayard, 2005, p. 138.
3. *Petit traité de la décroissance sereine*, *op. cit.*, p. 12; e Dominique Belpomme, *Avant qu'il ne soit trop tard*, Paris, Fayard, 2007, p. 258; ver também *Ces maladies engendrées par l'homme*, Paris, Albin Michel, 2004.
4. Serge Latouche, *Sortir de la société de consommation*, *op. cit.*, p. 184.
5. Ver o estudo de Didier Raoult, diretor do Laboratório de Virologia de La Timone, em Marselha, publicado em *Nature*, setembro de 2009.
6. Yves Cochet, *Pétrole apocalypse*, Paris, Fayard, 2005, p. 66.
7. Gilles Lipovetsky, *Le Bonheur paradoxal. Essai sur la société d'hyperconsommation*, Paris, Gallimard, 2006.
8. Ver Bertrand Leclair, *L'Industrie de la consolation*, Genebra, Verticales, 1998.
9. Pascal Canfin, *L'Économie verte expliquée à ceux qui n'y croient pas*, Paris, Les Petits Matins, 2006, p. 110. Em *La Défonce médicamenteuse* (Mónaco, Le Rocher, 1996), J.-L. Maxence apresenta o número de 150 milhões de embalagens de calmantes consumidos anualmente em França.
10. Dominique Belpomme, *Avant qu'il ne soit trop tard*, *op. cit.*, p. 211.
11. Marco Bobbio, *Giuro di esescitare la medicina in libertà e indipendenza. Medici e industria*, Turim, Einaudi, 2004.

6. A arte de reaproveitar as sobras: o problema dos resíduos

1. Este capítulo retoma em grande medida o meu contributo «L'art d'accommoder les restes trente ans après» para o catálogo da exposição do MUCEM «Vies d'ordures/de l'économie des déchets», Éditions Artlys, 2017.

2. Ver Serge Latouche, «Le revers de la production», art. citado.

3. Cornelius Castoriadis, *L'Institution imaginaire de la société*, Paris, Seuil, 1975.

4. Giles Slade, *Made to Break: Technology and Obsolescence in America*, Cambridge, Harvard University Press, 2006, p. 264.

5. *Ibid.*, p. 3.

6. Jean Baudrillard, *La Société de consommation*, *op. cit.*, pp. 75–6 e 83.

7. O Clube de Roma produziu posteriormente dois outros relatórios, todos sob a direção de Dennis Meadows: *Beyond the limits. Confronting Global Collapse, Envisioning a Sustainable Future*, Chelsea, Green Publishing, 1992, e *Limits to Growth: the 30-year Update*, Chelsea, Green Publishing, 2004.

8. Declaração de 22 biólogos, na sua maioria norte-americanos, a denunciar os perigos dos produtos químicos.

9. Declaração internacional lançada por iniciativa do professor Belpomme, para alertar para os perigos sanitários gerados pelo crescimento económico.

10. *Millennium Ecosystem Assessment Report, Living Beyond Our Means: Natural Assets and Human Well-Being*, www.miellenniumassessment.org. Trata-se de um relatório das Nações Unidas baseado nos trabalhos de 1360 especialistas de 95 países, publicado em Tóquio, a 30 de março de 2005, e que demonstra que a atividade humana abusa das capacidades de regeneração dos ecossistemas ao ponto de comprometer os objetivos económicos, sociais e sanitários fixados pela comunidade internacional para 2015.

11. Christian Comeliau (dir.), «Brouillons pour l'avenir: contribution au débat sur les alternatives», *Nouveaux Cahiers de l'IIUED*, n.º 13, 2003, p. 161. Ver também Jean-Pierre Dupuy, *Pour un catastrophisme éclairé. Quand l'impossible est certain*, Paris, Seuil, 2002.

12. Jean-Pierre Dupuy, *Pour un catastrophisme éclairé*, *op. cit.*, pp. 84–5 e 215.

13. Bernard Maris, *Les Cigales*, *op. cit.*, p. 49.

14. Citado por Vance Packard, *L'Art du gaspillage (The Waste Makers)* (1960), Paris, Calmann-Lévy, 1962, p. 214.

15. André Gorz, *Capitalisme, socialisme, écologie*, Paris, Galilée, 1991, p. 170.

16. Citado por Vance Packard, *op. cit.* p. 151.

17. Alain Gras, «Internet demande de la sueur», *La Décroissance*, n.º 35, dezembro de 2006.

18. O filme, de 2010, foi produzido por Arte, Television Española e Televisió de Catalunya.

19. William McDonough e Michael Braungart, *Créer et recycler à l'infini (Cradle to cradle)*, Paris, Éditions alternatives, 2011.

20. Franck-Dominique Vivien, *Le Développement soutenable*, Paris, La Découverte, col. «Repères», 2005, p. 77.

21. Jean-Paul Besset, *Comment ne plus être progressiste... sans devenir réactionnaire*, Paris, Fayard, 2005, p. 196.

22. Piero Bevilacqua, «Il grande saccheggio», Roma, Laterza, 2011, pp. 198–201.

23. Ver o nosso livro *Comment réenchanter le monde. La décroissance et le sacré*, Paris, Rivages, 2019.

24. Alphonse de Lamartine, no poema «Milly ou la terre natale».

À LAIA DE CONCLUSÃO
Regresso à lição dupla do caracol

1. Ver Hartmut Rosa, *Accélération. Une critique sociale du temps*, Paris, La Découverte, 2013, e *Aliénation et accélération. Vers une théorie critique de la modernité tardive*, Paris, La Découverte, 2012.

EPÍLOGO
Depois da pandemia

1. Este epílogo recupera e funde dois artigos publicados durante este período: «Coronavirus et décroissance» (*La Décroissance*, n.º 169, maio de 2020) e «Relocalisation» (*L'Humanité*, 17 de junho de 2020).

2. Ver o artigo de François Jarrige «Retour sur la grippe "espagnole"», *La Décroissance*, n.º 168, abril de 2020.

3. *Gébé, on arrête tout, on refléchit*, dedicado a Gébé, à sua banda desenhada *L'an 01* e à adaptação cinematográfica de Jacques Doillon.